EXAMEN

pacifique de la Doctrine des Huguenots.

PROVVANT CONTRE les Catholiques rigoureux de nostre temps & particulierement contre les obiections de la responſe faicte a l'Apologie Catholique, que nous qui ſommes membres de l'Egliſe Catholique Apoſtolique & Romaine ne deurions pas condemner les Huguenots pour heretiques iuſques a ce qu'on ait faict nouuelle preuue.

par H. Conestable

Imprimè de nouueau a Caen
1590.

A tous fideles subiects du Roy, & principalement aux Catholiques desireux du repos de l'Eglise & de l'estat.

L y a trente ans que nous auons eu guerre quasi continuelle contre les Huguenots cõme contre rebelles & heretiques : nagueres nous auons apperceu, que la premiere opinion que nous auons eu d'eux, estoit conceue à tort : il pourroit bien estre que nous sommes aussi deceus en la seconde, & que le tems qui nous a descouuert qu'ils ne sont pas rebelles nous pourra descouurir aussi qu'ils ne sont pas heretiques : Quoy qu'il en soit il seroit à souhaiter que nous eussions vne opinion charitable d'eux, Iusques à ce qu'on aye fait nouuelle preuue.

L'Aspre dissention en la relligion a esté la ource de tous nos maux, c'est elle qui les a produis, c'est elle qui les nourrit encores : dont est venu que ceux qui sont auiourdhuy les perturbateurs de l'estat, ont eu vn mesme instant

EPISTRE

commencé de susciter les troubles en ce Royaume, & de renouueller & aigrir les dissentions que nous auons en la relligion. De maniere que les practiques des chefs de la ligue & les sermons turbulens de plusieurs predicateurs (car ie ne les blasme pas tous) ont esté comme les gemeaux d'Hippocrate qui tousiours alloyent ensemble tousiours rioyent ensemble, & peut estre que ceux ci aussi pleureront ensemble. Et l'experience à monstré que les langues des vns ont plus faict de mal que les espées des autres.

Voila la raison pourquoy au commencement de ces derniers troubles, l'Apologie Catholique a tasché d'adoucir ceste furie, & refuter les calumnies tant contre le droit du Roy, que contre sa Religion. Or ceste Apologie a esté en partie refutée, mais si froidement que chacun a peu cognoistre que toutes les calomnies contre le droit de sa succession, n'estoyent que masques de l'ambition de ses ennemis. Et le Roy defunct (que dieu absolue) deuant sa mort a veu, & vous tous par sa mort voyez quel estoit leur but.

Restent seulement les raisons contre sa religion, laquelle comme ie ne veux defendre aussi ie n'ose encores condamner. Ny voyie pour aucune preuue que le refutateur de l'Apologie ameine purquoy nous debuions Iuger si
absolu-

AV LECTEVR

absolument que les huguenots sont heretiques bien que differens en l'explication de quelques points en relligiō d'auec nous. Ce qui m'a esmeu il y a plus d'vn an de respondre aux dites raisons. Mais trouuant l'argument de grand poix, i'ay pensé estre plus propre d'en escrire vn traicté entier a part, que de respondre aux obiections rammassees d'autruy, ce qui m'a faict supprimer ce que i'auois desia escrit, & differer ce que ie deliberois d'escrire.

Et croy que ie l'eusse differé long temps si les nouelles Tragiques de l'assasinat commis en la personne de nostre feu Roy, ne m'eussent ramenteu, que mesmes cest acte horrible procedoit de ceste source : & que sur ce fondement que les erreurs des huguenots sont si enormes ils bastissent toutes leur raisons par lesquelles ils se persuadent, qu'on se peut seruir de tous moyens licites ou illicites pour les destruire, & ensemble ceux qui les fauorisent.

Or il y a vne autre raison qui m'a aussi induit a poursuiure ma deliberation. C'est qu'il a pleu a Dieu nous donner vn Roy different en opinion d'auec nous, mais tel qui (sa religion seulement exceptée) pour la grandeur & honneur de la France n'a iamais eu son pareil. Ce qui me faict croire quelque opinion qu'il aye pour le present, que Dieu la reserué, apres tant

EPISTRE

de troubles en son Eglise pour quelque grand soulagement & bien d'icelle.

Dieu ne faict iamais chose extraordinaire sans vn but extraordinaire. Or comme extraordinairement Dieu a fauorisé sa maiesté, personne ne le peut mieux cognoistre que ses ennemis, d'autant que par leur moyen Dieu l'a auancé. Ses ennemis ont pensé en allumant la guerre en France, le ruiner de bonne heure, & ces guerres ont accreu sa reputation & ses forces. Ses ennemis impatiens de delay ont pensé par menées iniustes contraindre le feu Roy de proceder auec plus de violence contre luy, qu'il n'auoit faict auparauant, & ces menees ont esté la ruine de ses ennemis & la cause de sa recóciliatió auec le Roy. Bref ses ennemis luy ont mis les armes en main pour les deffaire, & les moyens par lesquels ils l'ont voulu chasser hors de Gaienne l'ont mené au coeur de la France. & les mesmes moyens par lesquels ils luy ont voulu oster la vie luy ont donné le Royaume. Pensons nous que Dieu ait fait tant de choses pour neant? Qu'estce donc que nous pouuons apprendre de tout cela, sinon que Dieu s'est courroucé quand nous ne luy voulons pas permettre de disposer de son Eglise comme il veut ains le voulons preuenir par nostre sagesse. Voila pourquoy ie proteste deuant Dieu

que

AV LECTEVR

que si i'estois le plus grand ennemi que le Roy aye, toutefois ie penserois que Dieu pour nulle autre occasion ne luy a faict tant de graces, que pour nous punir, qui par iniustes moyens & par vn zele impatient auons voulu ruiner la religion reformée, bien que fausse.

 Il pourroit donc bien aduenir, que si nous changeons de train Dieu en changera aussi. Et comme les moyens par lesquels nous auons pensé auancer nostre relligion l'ont reculée Ainsi Dieu par les mesmes moyens par lesquels nous craignons estre en empeschement à nostre relligion, l'auancera. Et comme Dieu s'est serui du Roy pour maintenir la religion reformée quand nous le voulions contraindre d'embrasser la nostre, ainsi il se seruira de son moyen pour establir nostre Religion si nous le voulons laisser (tāt qu'il plaira à Dieu) viure en la siēne. Car les grandes oeuures de Dieu sont tousiours contre l'attente des hōmes. Et quant à moy cōsiderāt les euidētes graces que Dieu luy a faictes, Ie ne puis penser qu'il le veuille laisser ainsi, ains quil acheuera sō oeuure en luy, et s'il est en erreur qu'il le reduyra à la cognoissance de la verité.

 Mais c'est à Dieu de le faire non pas à nous, Autrement nostre desir trop hastif de conuertir sa Maiesté pourra empescher sa conuersion, ou pour le moins l'vtilité que sa conuersion

appor

EPISTRE

apporteroit. Car outre ceque Dieu (comme i'ay dit) ne benit iamais les actions de ceux qui le veulent preuenir par impatience, sa conuersion ne peut estre ny forcée ny subite. La qualité de sa Maieste est telle, qu'elle ne peut estre forcée, & son naturel tel qu'il ne le veut pas. Moins encores subite: Il a pris ce pli des le berceau, lequel ne se peut oster que peu a peu.

Mais ci aprez quand le Roy en vne conference paisible verra ses ministres vaincus, & leurs raisons, par lesquelles luy & eux ont esté alienez de nostre foy, solidement refutées ie di s'il plaist a Dieu alors de lui ouurir les yeux, que sa conuersion sera mille fois plus vtile a l'Eglise, que s'il n'eust iamais esté d'autre relligiõ, ou s'il l'eust changée deuant que d'estre paisiblement Roy.

L'exemple de sa conuersion seroit lors la conuersion d'vn million, & s'il eust esté tousiours de nostre relligion, nous n'aurions iamais cest exemple. Et s'il eust changé deuant que de posseder le Royaume, on pourroit soupçonner plusieurs causes de sa conuersion qui empescheroyent le fruict qui en reuiendroit a l'Eglise. Mais si la paix estant establie au Royaume, Dieu alors par moyens ordinaires changeoit son coeur, ceux qui l'ont veu constant en sa relligion pendant que la profession d'icelle

AV LECTEVR.

d'icelle estoit si dangereuse a son estat, ne penseront iamais qu'il l'eust quittée sans raisons euidentes, & lors sa conuersion apportera a l'Eglise l'vtilité que nous desirons. Ayons donc vn peu de patience, & quand le temps sera plus a propos proposons a sa maiesté ceste condition que lui mesme nous a premierement proposée, ascauoir qu'il assemble les plus doctes de l'vne & de l'autre relligion. Pour debatre amiablement les points qui sont en different, Afin que la paix de l'estat soit accompagneé de celle de l'Eglise: & s'il plaisoit a sa Maiesté de ce faire (comme ie n'en fais doubte aucune) ie m'asseure que tels moyens peuuent estre tenus en la dite conference, que plusieurs choses seront descouuertes lesquelles iusques a present ont esté cachées a tous deux. Non que ie pense qu'aucune nouueauté en religion puisse estre trouuée (ia a Dieu ne plaise que ie pensasse ainsi) Ains que les moindres questions du different peuuent estre reconciliées les inutiles omises, & les grandes esclaircies par preuues plus euidentes.

Et ne faut pas que l'vne part ou l'autre, en imaginant que les points sont desia assez debattus, pense qu'vne telle conference soit inutile, car bien qu'a peine on puisse trouuer plus fortes preuues que celles desquelles on s'est serui

par

EPISTRE

par ci deuant: si esice que c'est autre chose de prouuer, autre de satisfaire. Or il ne faut pas tascher maintenant de vaincre, ains de gaigner les deuoyez, & cela i'ose dire & le puis prouuer contre qui que ce soit, que ny l'un ny l'autre parti, en aucune conference tenue iusques à present a suiui telle procedeure qu'il deuoit & pouuoit suiure pour satisfaire au parti aduersaire, ou pour esclaircir les doubtes.

Quant à moy, bien que ie sois le moindre entre vn million qui se sont embrouillez és disputes de nostre siecle, si est ce que i'ose entreprendre, de reduire les points du different à vne issue si courte, & prescrire tels moyens de les traicter, que la verité se descouurira mieux, en ceste seule conference, qu'en toutes autres disputes qui ont esté depuis que Martin Luther s'est opposé au Pape. Et neantmoins l'issue sera telle & les moyens tels, que personne, ny de l'vne ny de l'autre relligion (selon ses propres maximes) ne les pourra reiecter. Ie serois impudent de le dire, si ie n'estois asseuré de le pouuoir monstrer. Mais ie sçay les subterfuges des vns & des autres, ie sçay leurs sophismes, & sçay le moyen d'y preuenir.

Mais le temps n'est pas encores propre, il faut auoir l'estat paisible & les esprits paisibles. Et sur tout vuides de preiugé. Car si

nous

AV LECTEVR

nous Catholiques venons ouir vne dispute resolus auant que d'y aller que les huguenots sont desia condemnez pour heretiques, eux au contraire qu'ils entendent desia l'escripture mieux que S. Augustin, & qu'elle est toute claire de leur costé, que seruira la conference? Les prestres & les ministres peuuent estre tant resolus qu'ils veulent pource qu'ils enseignent, mais nous ne le deburions estre pource que nous apprenons. La fin qu'ils se proposent est la victoire, Mais la fin que nous cherchons est la verité, Et si nous l'auons desia trouuée pourquoy la cherchons nous? Que si nous croyons sans chercher nous pouuons estre deceus.

Voici la principalle cause qui m'a faict renoueller mon dessein d'escrire de ce point de moderation, afin que par la moderation de nos esprits nous puissions estre praeparez à vne conference, en ceste conference descouurir la verité, & en descouurant la verité establir la paix en l'Eglise de Dieu. Mais me deffiant de mon insuffisance, & craignant d'employer mon labeur en vain: d'autre part aussi desireux de voir vne vnion en religion, i'ay mieux aimé hasarder mon trauail passé en publiant la responce que i'auois desia faicte, que la perte d'vn nouueau.

La raison pourquoy moy qui suis Catholique
reprends

EPISTRE

reprends pluſtoſt noſtre rigeur contre les Huguenots que la leur contre nous, veu qu'en cela tous deux faillent egallement, eſt dautant que celuy qui veut reformer vn autre, doibs commencer par ſoy meſme.

L'importunité & l'arrogance de mon aduersaire me faict quelques fois eſcrire moins Catholiquement. Ce que ie n'ay pas faict pour refuter la religion Catholique, ains pour monſter que les erreurs des Huguenots ne ſont pas ſi groſſiers que nous nous perſuadons, ſçachant cõme i'ay dict, qu'il n'y a rien, qui iuſques icy ait plus ſupprimé la verité que le peu d'eſtime que l'vne part faict des raiſons de l'autre. Ce que (Dieu ſcait) procede d'ignorance, & tant plus quelqu'vn eſt docte, tant plus de difficulté trouue il a refuter ſon aduerſaire.

Comme ceſt vne choſe certaine que l'ignorance engendre la vehemence, & la vehemence empeſche la verité d'eſtre deſcouuerte. Car la vehemence de ceux qui tiennent la verité rend ceux qui ſont en erreur plus vehements, & la vehemence de ceux qui ſont en erreur les aueugle.

Voila la vraye intention de mon diſcours, auquel bien que i'aye vſé peut eſtre de quelques raiſons qui par iuges rigoureux pourroyent eſtre eſtimées trop fauorables aux opinions

nouuelles

AV LECTEVR.

nouuelles, si estce que mon intention n'est pas par iceluy de seduire aucun, ny le destourner de la foy de nos perez, ains seulement de purger les esprits de preiugé, Iusques a ce qu'on face nouuelle preuue. Et si telle preuue se faict (sans laquelle ie n'espere aucune vnion en l'Eglise) ie t'adiure (cher lecteur) de quelque religion que tu sois d'y apporter vn esprit vuide de preiugé. Tel esprit ie souhaite en toy, ie proteste que ie l'ay en moy mesme & prie Dieu de le confermer en nous tous. Amen.

Argument du Liure.

L'Apologie Catholique à tasché de purger les Huguenots, d'haresie, par deux raisons : dont la premiere est, que la religion pretendue reformée n'est pas heretique en soy, d'autant que la substance de la Foy Catholique, est receue des Huguenots, & les caremonies qu'ils reiettent ont esté Incogneues en l'Eglise anciène: desquels deux points, asçauoir la doctrine, & les Caremonies toute religion est composée. La seconde est, que leur religion n'a pas esté condemnée, par aucun Iugement legittime: veu que deuant le Concile de Trente, on ne les a pas condamnez en vn Concile general, & quel le dit Concile de Trente n'est pas legittime, ni approuué en France: à raison dequoy encores que les Huguenots fussent deuoyés de la vraye foy, toutefoys on ne doibt pas proceder contre eux, come contre Haretiques, Iusques à ce qu'ils ayent receu l'arrest de condemnation par vn Concile General: comme il ne faut pas faire mourir par Iustice vn malfaicteur, bien qu'il soit coulpable, Iusques a ce qu'on luy ait faict son procez.

Or L'autheur de la responsé à ceste Apologie en la seconde partie de son liure, continuant depuis le cinquieme chapitre iusques Au 15. il trauaille fort à refuter, les raisons susdites : Au 5. chap. il propose seulement sa Methode : Au 6. Il monstre que la religion des Huguenots est toute autre que la Catholique : Au septieme que les ceremonies de l'Eglise Romane ont esté obseruées de l'Eglise primitiue : Au huictieme, que la doctrine pretendue reformée a esté condemnée par anciens Conciles : Au 9. 10. 11. 12. 13. & 14. Il defend le Concile de Trente, dont le 11. 12. & 13 prouue que le dit Concile est legitime en soy : le 9. 10. & 14. qu'il est approuué en France : selon lequel ordre, Ie diuiseray ma defence en ces 6. chapitres.

Au premier, ie proueray contre les raisons de son sixieme chapitre, que les Catholiques & Huguenots s'accordent tellement en doctrine, qu'ils sont d'vne mesme foy & religion.

II Au second, contre son 7. chap. que les Catholiques aussi bien que les Huguenots ne s'accordent auec l'Ancienne Eglise en matiere de ceremonies & que pourtant les Huguenots ne sont pas à condemner.

III Au troisieme contre son huictieme chapitre, qu'ils n'ont pas esté deuant le Concile de Trente publiquement & legitimement condemnez.

demnez.

IV Au 4. contre son 11. 12. & 13. Chapitre, que le Concile de Trente n'est pas legitime.

V Au cinquiesme, contre ses 9. 10. & 14. Chapitres qu'il n'est pas receu en France.

VI Au sixieme & dernier, ie conclurray, que les Huguenots peuuent à bon droit estre reputés membres de l'Eglise Catholique, Apostolique & Romane.

CHAP. I.

Que les Catholiques, & Huguenots s'accordent tellement en doctrine, qu'ils sont d'vne mesme foy, & relligion.

'Eſt vne choſe manifeſte que ceux qui ſont d'vne meſme Egliſe & religion peuuent neantmoins auoir des opinions differentes en Theologie. Auguſtyn ne s'accordoit pas auec S. Ieroſme, ni Epiphanius auec Chryſoſtome, ni Cyprian auec Corneille, ni Irenee auec victor. L'vne part ſans doubte eſtoit en erreur, touts neantmoins ont eſté docteurs approués de l'Egliſe, & touts ſaincts. Chaſque erreur donc ne ſepare pas vn homme de l'Egliſe, & ne faut auoir eſgard au nombre des erreurs mais à la qualité. Arrius eſtoit d'accord auec les Catholiques, en toutes choſes horſmis en vne ſeule, tellement que le changement, d'vn mot voire d'vne ſeule lettre, euſt appaiſé le different; & toutefois c'eſt le plus grand hæretique que l'Egliſe ait Iamais eu. Origene au contraire

ὁμοούσιον
ὁμοιούσιον.

de

desaccordoit, d'auec les autres anciens docteurs, en vne Infinité de choses & neantmoins a esté estimé membre de l'Eglise.

Or donc pour voir si les Huguenots, sont d'autre religion que nous, Il ne faut pas considerer s'ils ont des erreurs ou non, ni le nombre de leurs erreurs, ains seulement la nature: ascauoir quels erreurs doiuent estre estimez hæresies, & si les leurs sont els.

Deux choses (selon l'opinion des Catholiques) font les erreurs deuenir hæresies: l'vne, quand l'erreur est si enorme de soy, que en tout temps celuy est hæretique qui le tient; de maniere que deuant que le Consile de Nice eust rien Iugé, Ebion, Paulus Samosatenus, & Arrius stoient hæretiques entant qu'ils ont nié la diuinité eternelle du fils de Dieu.

La seconde chose qui (selon nostre opinion) faict vn erreur deuenir hæresie est quand on tient quelque opinion en doctrine contre le decret d'vn Concile general. Tellement que l'heresie ne gist pas en la meschanceté de l'opinion, mais en la resistence à l'ordonnance de l'Eglise, Comme l'opinion de S. Cyprian touchant la rebap-

tisation

tisation, n'estoit pas hæresie en luy d'autant qu'on n'auoit rien encores arresté, a l'encontre. Mais maintenant (disons nous) que l'opinion est condemnee legitimement ce seroit hæresie en vn autre qui la tiendroit. Or touchãt c'este seconde espece d'hæresie, l'en parleray au troisieme chap. en cestuy ci Ie traicteray seulement de la premiere, asçauoir, si les erreurs des Huguenots sont si enormes de soy qu'ils destruisent le fondemét de la foy, & par consequent les empeschent d'estre de mesme religion auec nous.

La premiere raison.

pag. 20.

Voyons donc comme nostre aduersaire tasche de prouuer le contraire. *En premier lieu (dit il) tous les deux partis tant l'Eglise Catholique, que nos aduersaires, se reputent les vns les autres pour hæretiques.* Ie respons, que ie ne trouue aucune Impossibilité, pourquoy ils ne puissét estre tous deux deceus. Car deux freres estants en colere, peuuent bien renõcer l'vn a l'autre, & toutefois Ils ne laissent pour cela de demeurer tousiours freres. Ciril & Theodoret s'entriniurioyent comme hæretiques: & si ne l'vn ne l'autre ne l'estoit pourtant, tellement que ceste raison est tiree seulement de la passion des hommes quand la raison les a abandonnez.

Mais comme prouue il que les Catholiques

liques estiment les Huguenots hæretiques, *l'Eglise Catholique* (dit il) *a condemné par le Concile de Trente plusieurs opinions des Lutheriens.* Ie responds (selon ma premiere destinction) que c'est autre chose de rendre vne opinion hæresie par condemnation, autre de l'estimer telle, de sa propre nature: si les Huguenots sont hæretiques par condemnation, ou non, nous en parlerons ci aprez. au 3. 4. & 5. Chapitres. Maintenant nous disputons seulement de la nature de leur erreur, dont sa preuue n'est rien a propos, Mais (dit il) *a Rome chasque Ieudy sainct, le Pape les declare excommuniez, & defend a touts Catholiques, la lecture de leurs liures,* Aussi excommunie il le mesme iour touts pecheurs, entre lesquels il n'ose nier que plusieurs ne soyent de l'Eglise, autrement luy mesme seroit condemné pour hæretique, par le Concile de Constance, qui a iugé contre Iean Hus, que l'Eglise consistoit aussi bien des meschans que des bons, & comme les liures des Huguenots sont defendus, aussi sont les œuures de Machiauelle, Aretin, & de plusieurs autres Catholiques.

Mais voyons quelle opinion les Huguenots ont de la doctrine des Catholiques.

B 4   *Caluin*

Pag.21 ,, *Caluin* (dit il) *escrit que les principaux points de doctrine en l'Eglise Romaine, sont presques du tout abolis, & l'vsage des Sacramens en Plusieurs façons corrompu*. Il n'est besoing d'explication, les paroles mesmes sont la responfe, Il ne dit pas que les Sacremens sont totalement ostéz, mais l'vsage d'iceux en plusieurs façons corrompu : ni que les principaux points de la religion Chrestienne, sont entierement destruicts mais presque abolis. vn homme peut estre presque tué, & si ne laisser pas pour cela de viure.

La second raison.

Secondement pour prouuer que leur religion est differente d'auec la nostre, Il ameine les disputes du Peché originel, du Franc arbitre, de la iustification, des merites & plusieurs autres controuerses qu'il iuge de plus grande consequence. C'est la plus grâde petié du môde, d'ouir la plusfpart des prescheurs de l'vne & de l'autre religion, manier ces questions, quand Dieu scait que pour la plusfpart ils combattent auec leur propre ombre, & ne scauent pas ce que leur aduersaire tient, ce qui aduient de la subtilté des mots inuentés par le diable pour troubler le repos de l'Eglise, l'vn entendant ce mot de iustification en vne façõ,

l'autre

l'autre en vne autre, l'vn la foy en vne façon l'autre en vne autre, l'vn la grace en vne façon, l'autre en vne autre : & ainſi du reſte : ce que nous diſons eſtant veritable, comme nous prenons le mot, ce qu'ils diſent eſtant veritable comme ils le prennent, tellement que ſi le deſir de contention eſtoit oſté on trouueroit, que beaucoup de ces diſputes deſquelles les oreilles du peuple ſont remplies, ne ſont que ſubtilitez de l'eſchole touchant etymoligies ſeulement & definitions de mots. Dont il aduint, qu'au colloque de Ratisbone, les Catholiques & les proteſtans, tombèrent d'accord, en la queſtion du peché originel, de la predeſtinatiõ, du Franc arbitre, & de pluſieurs autres points, Ce qui meſmes eſt confeſſé par l'euefque Lindanus, l'vn des plus aſpres ennemis, que les Huguenots ayent. Et toutefois, l'autheur de ceſte reſponſe eſt ſi mal-auiſé, que de faire ſon chois principalemẽt de ces queſtions pour monſtrer le different qui eſt entre eux & nous. Quant a moy, ie ne veux enterprendre de reconcilier les dites queſtions, & ne ſcay (- pour confeſſer franchement mon ignorance) ſi on le peut faire ou non. Mais de cela ſuis ie bien aſſeuré, que la difference n'eſt pas ſi grande qu'on

Lindanus in præfatione, in librũ de querela pacis.

la

la iuge. Ie ne veux pas auſſi rechercher trop exactement le poinct du different: comme I'eſpere que quelqu'vn le pourra faire ci aprés. Mais ſeulement ie parleray des dites queſtiõs en telle ſorte quelles ſont communement entendues par les plus doctes de l'vne & de l'autre religion, & en ceſte ſignification ie di, que (pour aucune choſe que i'aye veu iuſques icy) les erreurs des Huguenots ne ſont pas ſi grands qu'ils les empeſchẽt d'eſtre membres de l'Egliſe Catholique. Or, pour mieux eſclaircir cela ie reduiray ces queſtions ſoubs ces 4. chefs aſçauoir 1. *L'eſcripture.* 2. *La iuſtification*, 3. *La priere*, 4. *Et les Sacremens.*

1.
l'Eſcripture

pag. 23.

Quant a l'eſcriture, il charge ſeulement les Huguenots d'vn erreur, aſçauoir de reietter les liures de Tobie, de Iudith, des Machabees, & les autres qu'ils appellent Apocryphes, leſquels ont eſté approuuez cõme Canoniques par le Cõcile de Trẽte, ſur quoy ie reſponds, que les Huguenots ne les reiettẽt pas ains les eſtimẽt cõme ſaincts eſcrits, & pleins de pieté, voire de plus grande authorité que quelque autre liure que ce ſoit ſeulement ils ne les mettent pas en pareil rang que les liures qui ſont eſcrits, en la langue ſaincte. Ce qui me ſemble que

Bellarmi-

Bellarmin en quelque sorte leur accorde, car en faisant la diuisiō des liures du viel Testament, il en faict deux rangs. Mettant les liures receus des Huguenots, au premier rang, & ceux qui sont appellez Apocryphes au second. & encores que l'opinion des Huguenots en ce point, soit condemnee, par le Concile de Trente, toutefois le Concile de Laodicée, est de leur aduis, S. Ierosme aussi, Origene, & mesme Nicolas Lira le Cardinal Caietan, & plusieurs autres Piliers de l'Eglise Romane. Tellemēt que ie voudrois bien sçauoir, si cest erreur des Huguenots est si enorme, que pour ceste cause Ils soyēt necessairemēt hæretiques, pourquoy ce mesme erreur n'a pas empesché S. Ierome d'estre sainct, ni le Cardinal Caëtan, d'estre Catholique.

Tom. 1.
Cont. 1. lib.
cap. 4.

Or soubs la iustification, ie compren tous les differens mentionnez par la responce, qui ont esté iugés en la 6. session du Concile de Trente, touchant, *1. La source. 2. La matiere. 3. L'instrument. 4. & les effects de nostre iustification.* Par la source de nostre iustification, i'entens ceste disposition par laquelle nostre nature (comme nous Catholi. disons) estant & preuenue & accompagnee de la grace de Dieu, se prepare a la iustification

2 Iustificatiō.

tion c'est a dire l'operation de l'arbitre qui demeure en l'homme aprez sa cheute. Or pour iuger de ce different l'arbitre de l'homme doit estre consideré en ces trois estats; ascauoir deuant la cheute d'Adam, apres la cheute, & au temps de regeneration, aprez qu'il est releué. Or en ce point tout ce qui est necessaire a vn Chrestien de croire, est, que l'homme deuant la cheute d'Adam, auoit la volunté libre tant de bien que de malfaire, que par sa cheute il a perdu la liberté de biē faire, & que par grace, en la regeneration, il la recouuré derechef. Iusques icy les Catholiques & les Huguenots sont d'accord. Or donc la controuerse que nous imaginons, gist seulement en la maniere cōme le dit arbitre est affranchi; les Huguenots disants que la grace de Dieu l'affranchit, en y adioustant nouuelles forces, desquelles il a esté du tout destitué, les Cathol. disans pareillement que la grace de Dieu l'a mis en liberté, mais en deliant les liens esquels sa volunté estoit tellement captiuée, quelle ne pouuoit mettre en effect les forces qu'elle auoit. Voici le vray different qu'on faict entre eux touchant ce point, auquel encore que les Huguenots soyent deceus, toutefois leur erreur n'est pas

Franc. Arbitre. Pag. 24.

pas dangereux, d'autant qu'il ne renuerse pas le fondement de la foy. Car il faut en ce point principalemēt regarder deux choses, la iustice de Dieu en punissāt le peché d'Adam de ceste captiuité, & sa misericorde en nous deliurant. Or si les Huguenots faillent, ils faillent seulement en augmentant la iustice, & la misericorde de Dieu, entant qu'ils disent que l'arbitre n'est pas seulement lié mais occis. Car la mort est vne punition plus griefue, que la prison & c'est vne grace plus grande, donner a la volonté, vie, que liberté. Mais quel besoing a le peuple de se rompre la teste, touchant ces Metaphores de lier & tuer, lesquelles il ne peut comprendre? c'est assez qu'il scache qu'on ne peut rien faire de bien sans la grace de Dieu, & que chacun die auec S. Augustin, que *Librement faire, vient de la nature humaine, bien faire vient de la grace mal faire de la nature corrompue*, ce qui comprend toute la doctrine de l'arbitre, & qui est confessé tant par les Catholiques que par les Huguenots.

La seconde chose que l'ay obserué en la iustification est la matiere ascauoir mon si la iustice infuse en nous par grace ou celle de Christ qui nous est imputee par foy, est celle par la vertu de laquelle nous sommes iustes deuant Dieu laquelle question est toute vne auec celle de la iustification par la seule foy combien que nostre aduersaire en face deux, pour multiplier le nombre de ses controuerses, tant il est desireux de contention. Or touchant ce point, les Huguenots n'ont aucun erreur, au fondement, & substance de la question, & par ainsi quelque erreur qu'ils ayent aux circumstances, ils ne laissent pas pour cela d'estre bons Catholiques, comme vn arbre dont la racine, le tronc, & les branches principales, sont saines, peut estre vn bon arbre, encores que quelque Rameau soit corrompu. Or les Catholiques, & les Huguenots sont d'accord en la racine de ceste question, asçauoir, que deux choses nous sont necessaires, d'estre quittes de peché, & d'estre douez de iustice; d'estre depouillez de nos vieux habillements, & reuestus de nouueaux.

1   Quant a la premiere, les Catholiques & les Huguenots sont d'accord, que nous sommes absous de nos pechez & deliurez de l'enfer, seulement par le sang de Iesus Christ.

2   Touchant le second point, touts deux ausi tiennét, que pour entrer au ciel il faut

faut que nous ayons iustice, & que ceste iustice vient de Christ.

Or la Iustice de Christ, ou bien est inhærente en luy, & estimeé cōme nostre, a raison de nostre foy en luy; ou bien, inherente en nous, mais procedante de luy, estant infuse en nos coeurs par sa grace, que les Huguenots appellent sanctification. Finalement les Huguenots confessent aussi bien que les Catholiques qu'il y a & l'vne, & l'autre Iustice. Seulement le different gist en celà, asçauoir, laquelle de ces deux Iustices, ou bien la Iustice inhærente en Christ, mais reputeé nostre, ou bien la Iustice inhærēte en nous mais procedante de Christ, est celle en vertu de laquelle, nous sommes rēdus Iustes deuant Dieu. Et que nous importe, si vn autre paye nostre debte pour nous, ou s'il nous donne de l'argent pour la payer nous mesmes? de maniere que tous deux recognoissent la mesme racine, le mesme tronc, les mesmes branches de ceste question; seulement ils ne sont pas d'accord touchāt les petits rainseaux qui croissent sur l'vne des branches. Voire ils recognoissent les mesmes rainseaux, & ne debattent que sur lequel de ces deux, il se faut appuyer. Car les Huguenots confessent

sent, que tout ceuxs qui sont sauuez, sont aussi sanctifiez, c'est à dire qu'ils ont ceste iustice que les Catholiques appellent inhærente, ou Iustice seconde, mais ils disent qu'ils n'osent pas se fier en icelle, ainz seulement en la iustice inhærente en Christ, & par foy estimée la leur, or veu que ceste iustice de Iesus Christ, est par consentement de touts parfaicte, il se peut bien trouuer quelq; erreur en la doctrine des huguenots mais il n'en peut arriuer aucun danger. Comme celuy, qui s'appuye sur vn rameau fort, peut bien estre deceu, en pensant vn autre estre foible ; mais sans doubte il ne tombera pas, pendant qu'il embrassera celuy, qui ne scauroit iamais se rompre.

Maintenant suit l'instrument par lequel nous embrassons ceste iustice &c. la foy touchant la nature de laquelle les Huguenots tiennent encor vn erreur, par lequel ils nient (comme il dit) *que la grace puisse estre perdue sans perdre la foy.* Ce qui n'est qu'vne cauillation, touchant la double signification du mot de foy : Car si nous disós que la foy n'est autre chose que de croire, que Dieu est tel, & tel, qu'il a faict telles & telles choses, Bref, que toute la doctrine Chrestienne est veritable; Les Huguenots diront

Coniunction de foy & de grace. Pag. 23.

ront (auec S. Iaques) que les Diables croyent ainsi, & ont la foy sans auoir grace. De maniere que l'erreur des Huguenots n'est qu'au mot; dautant qu'ils tiennent que la foy de celuy qui est destitué de la grace de Dieu, & de la charité, ne merite pas le tiltre honorable de foy iustificante et que telle foy est l'instrument seulement par lequel nous sommes iustifiez, qui est tousiours accompagnée de grace, & suiuie de bonnes œuures. Ce que aussi nous disons, qu'vne foy sans charité est vne foy sans forme, or veu que la forme donne l'estre a la chose, vne vraye foy ne scauroit subsister sans charité, tellement que tant les Huguenots que les Catholiques diront qu'vne parfaicte foy ne scauroit estre sans charité. Seulement nous parlons en diuers termes, les Huguenots appelans la foy sans charité, foy historique, ou morte : & nous foy sans forme. Mon Dieu, quelle pitié de voir la simplicité de la foy Chrestienne, embrouillée de ces subtilités.

Restent les effects de nostre iustification; ascauoir les bonnes œuures, par lesquelles nous Catholiques ne disons pas que l'homme deuient iuste, ains qu'estant desia iustifié, il croist en iustice, c'est a dire de iu-

Merites des œuvres.

Pag. 24.

« ste deuient plus iuste, estant ainsi regeneré, & en estat de grace, il peut (comme nostre aduersaire dit) *de telle sorte accomplir la loy que cela merit vrayement & proprement la vie eternelle.* Quant a l'accomplissement de la loy, veu que les Huguenots taschent tant qu'ils peuuent de l'accomplir, encores qu'ils errent en disant qu'ils ne le peuuent faire, toutefois nostre Seigneur mesme leur en a promis pardon, en la parabole du fils, qui refusa de faire la volonté de son pere & toutefois la fit.

Or pour retourner aux merites des œuures, les Catholiques puls polis, nient directement qu'elles meritent, sans qu'elles soyent teinctes du sang de Christ. Or ie m'asseure qu'entre dix mille Catholiques il ne s'en trouuera pas vn seul, qui entende ce que signifiét les œuures teinctes du sang de Christ. Mais que simplement sans autre addition ils diront, qu'ils esperent meriter le ciel par leurs œuures. Tellement qu'il y a trois diuerses opinions touchant ceste question.

La premiere est des Catholiques communs, qui sont mille fois plus en nombre, & qui disent simplement, qu'on peut meriter la vie eternelle par les œuures.

La

La seconde, des Huguenots qui nient tout a plat que les bonnes œuures meritent: ains seulement. (disent ils) Dieu de sa pure grace, pour l'amour de son fils leur donne salaire.

La troisieme est des Iesuites, & des doctes Catholiques, qui nient qu'aucunes œuures meritent de soy, ains seulement celles qui sont teintes (comme i'ay dit) du sang de Christ. Laquelle opinion accorde beaucoup mieux auec la doctrine des Huguenots, qu'auec l'opinion, de la multitude des Catholiques: car vne chose teincte, n'est pas changée en substance, comme le cuiure doré demeure tousiours cuiure. La teinture seulement, & l'or, rend la chose plus agreable a l'œil, & ainsi nos œuures, qui sont de nature corrompues, bien quelles soyent teintes du sang de Christ, sont tousiours corrompues, mais la teinture & l'or les rend acceptables a Dieu; & pour l'amour de song sang, elles sont salariées. Que si d'aduenture ils font cō-science d'vser de ce mot de Merite. Oyons ce que S. Bernard dit. *On ne peut* (dit il) *meriter la vie eternelle par aucunes bonnes oeuures.* Non pas que S. Bernard pour cela ait esté Huguenot. Car ie sçay bien, qu'vn Iesuite

,, Serm. 1. de annun- tione beatæ virginis.

Iesuite auec quelque belle distinction, le pourroit faire parler en Catholique, quoy qu'il ait pensé. Faisons donc la mesme grace aux Huguenots, & faisons la mesme distinction en interpretãt leurs paroles qu'ē explicant celles de S. Bernard, & ils seront en ce point aussi bon Catholiques que S. Bernard, ou nous.

4
Priere.
Pag. 26.

Le quatriesme point est priere, ascauoir s'il faut inuoquer les saincts ou non: lequel different, gist en deux points, l'vn est, <u>s'il leur faut adresser</u> nos prieres; l'autre, s'<u>ils prient pour</u> nous. Touchant le premier ie di que les Catholiques mesmes constituent deux extremitez; ascauoir, de ne les inuoquer point, comme font les Huguenots; & de les honorer trop, c'est a dire de leur attribuer cest honneur, qui appartient proprement a Dieu, que les Scholastiques appellent latrie. Et si aucun faict cela, eux mesmes l'estiment Idolatre. Or le pauure peuple qui n'entend pas le Grec, ny ce que veut dire <u>Latrie</u>, ny comprend aucune autre mediocrité, sinon de les adorer ou de ne les adorer point, va a la bonne foy, ad<u>orant auec pareille</u> deuotion, nostre dame, & les autres Saincts, que Dieu mesmes, de maniere qu'a grand peine (voire,
par

par le iugement des Catholiques) les Catholiques mefmes peuuent euiter Idolatrie.

Or quant a l'autre extremité, les Catholiques, qui maintiennent l'inuocation des Sainꝰts, difent feulement qu'il eſt licite de les inuoquer, non pas qu'il eſt illicite de ne les inuoquer pas, tellement qu'il peut arriuer du danger, en fuiuant la doctrine Catholique bien que veritable ; & n'en fcauroit arriuer aucun, en fuiuant celle des Huguenots, encore qu'il y ait de l'erreur. Dauantage, les Huguenots difent, quil les faut honorer, ce qu'ils peuuent bien faire fans les inuoquer. Comme vn fubiect pourra bien honorer fon fouuerain eſtant abfent, quand bien de fa vie il ne luy auroit prefenté aucune requeſte.

Pour le fecond point, afcauoir mon f'ils, prient pour nous, ou non ; ie di qu'il y a des Huguenots qui diront qu'ouy, & Caluin mefme ne le nie pas, ains il dit qu'il ne fe donne de peine, pour fcauoir ſils le font ou non, Or s'il y a entr'eux quelqu'un qui le nie quel danger y a il ? Bellarminus, le grand maiſtre des controuerfes, dit que les Sainꝰts au ciel prient pour les ames qui font en Purgatoire, & les ames du Purga-

Tom. P.
Cont. 6.
lib. 2.
cad. 15.

toire pour ceux qui sont en terre. Et toutefois il confesse, que Dominicus a Soto, nie le premier, & S. Thomas d'Aquin le secõd. Or veu que le Purgatoire importe plus au Pape que paradis, ie ne voi pas pourquoy les Huguenots, seront plustost heretiques pour desaccorder auec les Catholiques en l'intercession des Saincts au ciel, que les Catholiques pout desaccorder entr'eux mesmes, touchant l'intercession tant des ames, que pour les ames en Purgatoire.

<small>5 Sacrements</small>

<small>Nombre Pag. 25.</small>

Le dernier point auquel les Huguenots se sont deuoyez de la foy romaine, est touchant les Sacremens, esquels, le nombre, la nature, & les particuliers Sacrements sont a considerer: & se sont premierement mescontez au nombre, d'autant qu'ils n'en comptent que deux. Encores que le Concile de Trente ait iugé, qu'il y'en a sept, laquelle obiection est fort friuole, entant que le different gist plustost aux mots qu'en la chose. Car prenant ce mot Sacrement proprement, S. Augustin dit qn'il n'y en a que deux, asçauoir, le Baptesme & l'eucharistie.

<small>De doctrina Christiana lib. 3, cap. 9</small>

Dauantage c'est vne phrase commune parmi nous Catholiques, de dire, que touts les Sacremēs sont coulez du costé de nostre Seigneur. Or il ne coula de son costé que
sang

sang & eau. Ce, qui representoit (selon l'interpretation de Chrysostome, Cirille, & autres anciens) les deux Sacremens de l'Eglise, asçauoir le Baptesme par l'eau, & le calice de l'Eucharistie, par le sang, Et nos docteurs Catholiques ne font autre responce a ceci sinon, que ces deux Sacremens, ont quelque dignité par dessus les autres, qui n'est autre chose, sinon dire qu'il y a deux Sacremens principaux, & plusieurs inferieurs. Ce qui est le mesme que les Huguenots disent, mais en diuers termes: eux disans, qu'il n'y en a que deux proprement; nous qu'il n'y en a que deux principalement. nous disans aussi qu'il y en a plusieurs inferieurs, eux qu'il y en a aussi plusieurs, si nous parlons des Sacremens, en la signification generale.

Car Caluin dit que l'ordre, est vn Sacrement mais non pas commun a tous, & ne diront nos docteurs Catholiques autremēt. Melanchtō dit le mesme et y adiouste la penitence. Aussi confesseront ils auec S. Paul, que le mariage est vn Sacremēt, en ceste significatiō generale que les anciés ont tourné le mot Grec. Bref ils diront qu'il y en a sept, mais nō pas seulemēt 7. & de faict, il n'y a aucū des anciés Peres, qui ait iamais trouué ce

C 4   nombr:

nombre de sept. De maniere que si les Huguenots ne peuuent si iustemẽt rencontrer sur le nombre, veu que l'ancienne Eglise, ne la sceu faire aussi, on les peut bien condemner d'ignorãce en Arithmetique, mais leur erreur en Theologie, ne peut estre grand.

<small>Difference entre noz Sacraments & ceus de la loy. Pag. 26.</small>

Mais il dira qu'ils sont deceus, en la nature mesmes des Sacramens, *d'autant qu'ils les nient estre distinguez en force & en vertu, des Sacremens de l'Ancienne loy, & conferer grace.* Ie respond que c'est vne calumnie, car les Huguenots les distinguent des Sacremens de l'ancien Testament, & disent qu'ils <u>conferent grace</u>, que veut il dauantage? Mais non pas (ce dit il) <u>ex opere operato</u>. Or donc le different n'est pas, ascauoir si nos Sacrements conferent plus de grace, & ont plus de efficace, que les Sacrements de la loy, ou non: Mais <u>en la maniere, en laquelle</u> ceste grace est conferée, et quant a la maniere il me semble que nous ne nous en deuons pas trop curieusmẽt

<small>Tom. 2. contro. 1. lib. 2. cap. 1.</small>

" enquester: Comme Bellarmin nous con-
" seille fort sagemẽt. *Tout ainsi* (dit il) *qu'aux*
" *miracles de Iesus Christ, ceux qui estoyent gueris*
" *n'auoyent pas besoing de l'enquerir en quelle*
" *manierẽ la robbe de nostre Seigneur les*
                                    guerissoit:

guerissoit : seulement il leur suffisoit de croire, ″
que l'attouchement de sa robbe leur apportoit ″
santé. Ainsi (dit il) il n'est pas necessaire, que les ″
ministres ou ceux qui recoiuent les Sacremens ″
sçachent en quelle maniere, ils sont causes de no- ″
stre iustification. ″

Or venons aux Sacremens particuliers *Efficace du*
entre lesquels il ne fait mention que de trois *Baptesme.*
asçauoir du Baptesme. du Sacrement de l'au-
tel : & de la penitence. Touchant le Bap- Pga. 23.
tesme, Ils afferment, dit il *que le peché origi-* ″
nel est inhærent de telle sorte en l'homme, que ″
ny par le Baptesme, ny par autre remede, il ne se ″
peut oster aucunement. Ie responds, que les ″
Huguenots dient aussi bien que les Catholiques que l'homme est acquitté du peché originel par le Baptesme, ce qui suffit a vn Chrestien de croire en ce point. Et le different gist seulement en la subtilité du mot s'il doibt estre appellé peché ou non. Les Catholiques disans qu'il est tellement acquitté que la concupiscence qui demeure, ne doibt pas estre appellée peché. Les Huguenots disans, qu'elle peut bien estré appellée peché, toutefois ils confessent auec les Catholiques que l'homme en est entierement absous, & deschargé, tellement qu'elle n'est
pas

pas reputée comme peché. Et pourtant ils n'oſtent non plus la grace receue au Baptesme, bien qu'ils s'eſtiment touſiours pecheurs, que le debteur nie la bonté de ſon crediteur, en confeſſant qu'il a receu ceſte faueur, que ſes debtes luy ſoyent remiſes, ſe recognoiſſant neantmoins touſiours debteur. Comme que ce ſoit, le peché eſt remis, le debteur eſt diſchargé. Que pouuons nous deſirer d'auantage?

Enfans morts ſans baptefme.

Peut eſtre maintenant il dirà, qu'encore que les Huguenots n'errent pas tát au benefice receu par le Baptesme, toutefois ils ne cóprennent pas bien le dommage qui arriue par le defaut d'iceluy. *Car ils afferment* (dit il) *que les enfans des Chrestiens peuuent eſtre eſtimez iuſtes, & entrer au Royaũe du ciel ſans Baptesme, encores que Ieſus Chriſt ait dit, ſi aucun n'eſt regenere d'eau & du S. Eſprit, il ne peut entrer au Royaume des cieux.* Ie reſponds, que les Huguenots ne diſent pas que tous enfãs des Chreſtiens morts ſãs Baptesme ſont ſauués, ains ceux la ſeulement que Dieu en ſon cóſeil eternel a choſis. Tellemét que la queſtion n'eſt pas touchãt le Baptesme, mais touchant l'election de Dieu, dont il ne ſcauroit arriuer aucun danger, en confeſſant noſtre ignorance,

Pag. 24.

ignorance, & remettant les dectets de Dieu a son bon plaisir . Ce que les Huguenots font, car ils ne particularisent pas quels enfans sont esleus, ains ne veulent pas entrer au cabinet de Dieu, pour dire que tels & tels ne peuuent estre sauuez.

Or s'il me respond que l'election de Dieu n'est iamais sans moyens seconds, Tellemét que le baptesme estant le moyen, par lequel il sauue ceux qu'il a esleu; c'est vn signe manifeste, que celuy qui est priué du Baptesme, est priué aussi de l'election. ie responds que il y a des Catholiques qui dient qu'on peut estre sauué sans moyens secōds. S. Damascene, Sainct Brigide & autres Catholiques tiennent que l'ame de l'Empereur Traian a esté deliurée de l'enfer par les prieres de Sainct Gregorie, bien qu'il mourut payen, & sans Baptesme . Or donc si ceux ne sont pas hæretiques qui disent que la misericorde de Dieu est si grande, qu'il sauue vn qui peché actuellement, qui est mort sans foy & sans Baptesme: pourquoy seroit ce hæresie, de dire qu'il sauue quelque fois les petits enfans, qui n'ont eu que le peché originel? Car c'est chose trop plus extraordinaire, de retirer quelqu'vn de l'enfer, que d'empescher qu'on y entre . Et la

grace

grace que Dieu a fait a vn, il la peut faire aussi a plusieurs.

Or quant au Passage de S. Iean, regeneré d'eau & desprit pour môstrer que le moyen ordinaire de salut est de ioindre, le signe exterieur, a la grace interne comme Saint Paul dit, qu'on croit de cœur a Iustice, & de bouche on confesse a salut, pour monstrer qu'ordinairement la confession exterieure suit l'affection Interne toutefois, Il ne suit pas, d'un passage: que la foy ne puisse estre sans confession de bouche, ni de l'autre que la grace ne scauroit estre sans le lauement du corps.

Baptesme de Iean.

Or ne trouuant pas en la doctrine des Huguenots grand chose a blasmer touchât le baptesme de Christ: il vient au Baptesme de Iean, qui selon l'opinion des Huguenots ne differe en rien de celuy de Christ. Icy premierement ie di, que touts les Huguenots ne tiennent pas ceste opinion: secondement que ce differét n'est pas de grande importance; car ceux qui tiennent ceste opinion ne la tiennent pas pour amoindrir le baptesme de Christ: Car ils ne l'estiment pas estre de Iean, mais de Christ, administré par Iean, deuant sa venue, comme par les Apostrez aprez. Finalement ceste dispute

pute n'est pas touchant le baptesme que le
peuple recoit, ains du baptesme de Iean
qu'il ne recoit pas, & par ainsi, ne luy importe pas beaucoup, d'entendre la force &
vertu d'iceluy.

Suit maintenant le Sacrement de l'autel
qui comprend deux differens proposez par
la responce, asçauoir la presence de Christ
en iceluy: & le sacrifice de la messe. Quant
au premier les Huguenots sont d'accord
auec les Catholiques en la chose mesme,
asçauoir que nostre Seigneur est vrayemēt
present au S. Sacrement, & que nous mangeons son corps & beuuons son sang. Seulement la difference gist en la maniere, en
laquelle il est present, & en laquelle nous
le mangeons. Lequel erreur ne peut estre
au fondement de la foy, dautant que selon
l'opinion de nos docteurs Catholiques, il
a esté libre a vn chacun pour mille ans
aprez la mort de Christ, de croire la dite
presence en telle maniere qu'ils ont voulu,
moyennant qu'ils la creussent: dont il est
manifeste que ce n'est que le malheur des
Huguenots d'estre en ce siecle de l'Eglise
tant rigoureux; car autrement il n'eussent
pas esté hæretiques. Car plusieurs des anciens peres, ont esté infectés du mesme erreur.

reur. Theodoret & Gelasius mesmes qui a esté Pape, ont dit en paroles expresses, qu'aprés la consecration de ces Saincts mysteres la nature, & la substance du pain demeure tousiours. Il est bien vray, que les Huguenots, peuuent estre blasmez pour auoir renouuellé cest erreur quand ils voyét que l'Eglise Romaine, & qui plus est le Pape mesme l'a condemné. Toutefois d'autant que Gelasius qui a este aussi Pape, a tenu le mesme erreur; nous qui sommes bons Catholiques, le deurions adoucir, tant que nous pourrions, pour le credit du siege Apostolique.

Theodoret. Dialog. Gelas. lib. de duabus naturis.

Or quant au sacrifice de la Messe, touts deux confessent auec Sainct Paul, qu'il n'y a qu'vn sacrifice pour les pechez, Aç. celuy de Iesus Christ sur la croix, de maniere que les Catholiques dient qu'ils ne font pas vne nouuelle oblation, ains seulement qu'ils repetent la premiere, quand ils celebrent l'Eucharistie, en laquelle Christ est continuellement offert. Mais d'autant que S. Paul dit, non seulement qu'il n'y a qu'vn sacrifice, mais aussi que Iesus Christ n'a esté offert qu'vne fois, ceste nostre doctrine a bien besoing d'vne interpretation subtile. Ce que personne a mon aduis n'a sceu mieux faire, que

Le Sacrifice de la messe. Pag. 26.

Heb. 7. & 10

que Sainct Thomas d'Aquin, lequel dit. *Que la celebration de ce Sacrement est nommmée immolation de Christ pour deux regards, le premier d'autant que Augustin dit que les signes sont appellez par les noms des choses dont ils sont signes. Le second d'autant que par ce Sacrement nous sommes participans de la mort de Iesus Christ.* Voyons donc comment les Huguenots s'accordent auec Sainct Thomas, en ces deux manieres d'offrir Iesus Christ. Quāt a la premiere pource qu'elle est tirée de Sainct Augustin, escoutons ses paroles. *Celuy ne ment pas* (dit il) *qui dit que Iesus Christ est offert touts les iours, car si les Sacrements n'auoyent vne certaine resemblance des choses, desquelles ils sont Sacremens, ils ne seroyent pas Sacremens du tout, & a cause de ceste resemblance ils prennent ordinarement les noms des choses mesmes.* Selon laquelle interpretation les Huguenots diront que Iesus Christ est offert au Sacrement, d'autant que les Sacremens ont le nom de chosés qu'ils signifient : & pourtant veu que l'Eucharistie signifie la mort de Iesus Christ, on peut donner le mesme tiltre, a l'Eucharistie, qu'a sa mort : & d'autant qu'il a esté offert par sa mort, les Huguenots diront aussi, quil est offert en l'Eucharistie a raison (cōme dit Sainct Augustin)

Th. part. quest. 83 Act. 1

Ad Bonif. Epist. 23.

guſtin) de ceſte reſemblance.

Touchant le ſecond regard pour lequel S. Thomas dit que l'euchariſtie eſt appellée immolation de Ieſus chriſt, aſcauoir d'autant qu'en ce Sacremēt nous ſommes participans de la mort de Ieſus Chriſt: les Huguenots auſſi s'y accorderont. Car c'eſt leur maniere ordinaire de parler, qu'en la cene ils participent a la mort & paſſion de Ieſus Chriſt. Mais s'il y a quelque autre troiſieme façon en laquelle il ait eſtè offert, ſans doubte ce n'eſt pas choſe d'importance. Car S. Thomas a eſtè ſi bon Catholique ſi ſubtil Logicien, & ſur tout ſi bien verſè es diſtinctions & autres ſtratagemes de l'Eſchole, qu'il n'euſt Iamais faict mention, ſeulemēt de deux manieres de l'offrir s'il y en auoit quelque troiſieme de conſequence.

Penitence.
Pag. 26.

Le dernier Sacrement dont il faict mention eſt la penitence, en laquelle l'autheur de la reſponſe n'obſerue aucun different, ains, la nomme ſeulement de maniere que ie ne voy pas ce qu'il trouue a redire en la doctrine des Huguenots. Mais pour eſplucher ſon intention, ie trouue que le different qu'il y a giſt principalement en ces deux points. Aſcauoir ſi la dite Penitence
doibt

doibt estre appellée Sacrement ou non. Secondement touchant les parties d'icelle. Quant au premier poinct qui est du tiltre de Sacrement, ce n'est qu'vne dispute du mot, côme i'ay monstré cy dessus, quád i'ay parlé du nombre des Sacremens. Quant aux partie, ascauoir Contrition, confession & satisfaction, s'il blasme les Huguenots dautant qu'ils ne les estiment pas proprement estre parties d'icelle, Ie di que tous Catholiques ne tiennêt pas qu'elles le soyent. Car Durand n'en faict que deux parties ascauoir la confession, & l'absolution, & l'Escot dit qu'il n'y en a qu'vne seulement, ascauoir l'absolution.

Mais si la question est si ces trois choses y sont requises, les Huguenots diront qu'elles le sont, ascauoir qu'il est necessaire d'auoir contrition & doleur de cœur, de côfesser & recognoistre nos pechez a Dieu, voire qu'il est vtile de les Confesser aux pasteurs de l'Eglise, mais non pas necessaire. // Dautant que (selon le iugement des doctes Catholiques) la confession auriculaire, n'a pas esté ordonnée de Dieu, ni de long téps practiquée en l'Eglise. Comme Beatus Rhenanus qui a esté Catholique a bien obserué.

In Annot. ad lib. Tert. de pænitentia.

D   Fina-

Finalement quant a la satisfaction elle se considere en ceste vie: & en la vie future en Purgatoire. Quant a la satisfaction en ceste vie les Huguenots l'approuuét, car ils tiennent qu'il est necessaire de satisfaire aux hommes que nous auons offencez. Et pour le regard des pechez enuers Dieu de renouueller nostre vie, & dauantage ils confessent que Dieu punit en ceste vie par afflictions temporelles mesmes ceux ausquels les pechez sont pardonnez.

Purgatoire.
Pag. 26.

Vray est quils nient qu'il y ait aucune satisfaction ou punition aprez la mort ascauoir le Purgatoire, Mais leur erreur en cela ne peut estre grand. Dautant que S. Augustin le faict vne chose probable & nō ne-

Lib. 21. de ciuitate Dei Cap. 26.

cessaire, disant seulement que *peutestre il est veritable*, outre ce que les Catholiques mesmes n'en sont pas d'accord entr'eux Quelques vns disent qu'il est sur la terre, les autres dessous, aucuns ne le mettent ni dessus ni dessous mais en l'air. Quelques vns disent que touts les esleus y doibuent aller, voire les Apostres mesmes & les Martyrs. Autres seulemét ceux qni n'ont point en ceste vie pleinemét satisfaict pour leurs pechez, quelques vns y mettent le feu materiel, aucuns le feu & l'eau, autres ni l'vn ni ni l'autre. Finalement il y en a qui disent que les ames y sont affligées par les Diables autres par les Anges, autres ny par les vns ny par les autres. Comme peut donc ceste questiõ estre si necessaire, ou il y a tant d'incertitude qu'on ne scache (cõme i'ay monstrè) ny ou il est, ni qui y entrent, ni par qui ils sont punis, ny ce qu'ils endureront. Donc la difference entre les Catholiques & les Huguenots gist en cela que les Huguenots ne le croyent pas, & les Catholiques ne scauent ce qu'ils croyent.

Voici en bref les opinions des Huguenots, touchant les points dessus mentiõnez. Esquels on peut voir, que leurs erreurs ne sont pas en la substance de la foy, & pour cela ne les empeschent pas d'estre de l'Eglise, & de la religion Catholique. Car chasque erreur en Theologie ne separe pas les hommes de l'Eglise. S. Cyprian estoit Anabaptiste touchant le point de la rebaptisation; toutefois Martyr. S. Ierosme (comme i'ay monstré cy deuant) estimoit les liures de l'escriture Apocryphes, que le Concile de Trente a iugé estre Canoniques, & toutefois a esté canonisé pour sainct. Tertullian, vn des anciens peres estoit Montaniste. Vn seul Origne auoit

autant

autant d'erreurs que touts les Huguenots: toutefois a esté vn des docteurs plus renōmez de l'Eglise. & pour descendre plus bas en combien de questions de Theologie defaccordoyent Scotus, & Thomas d'Aquin les deux principaux pilliers de la Theologie Scholastique? Melchior Canus, & Bellarminus, accusent Caëtan de plusieurs erreurs, lequel neantmoins estoit du venerable College des Cardinaux. Les Iacobins & les Cordeliers, n'ont peu Iamais s'accorder touchant la cōception de nostre Dame bien que tous deux fussent bons Catholiques. tellement que ie di q; les Huguenots peuuent estre Catholiques aussi, veu quils tiennēt le fondemēt de salut, encores qu'ils mettent quelques tuiles hors de rang sur le toict de la maison, & bastissent foin & chaume, moyennant que ce soit (comme dit S. Paul) sur le fondement, autrement nous pourrions conclurre, que les Martyrs, les Saincts, les anciens peres, les docteurs de l'Eglise, les principaux scholastiques, les Cardinaux, voire les Catholiques mesmes ne sont pas Catholiques.

CHAP.

CHAP. II.

Que les Catholiques auſſi bien que les Hugnenots ne s'accordent auec l'ancienne Lgliſe en matiere de Cæremonies & que pourtant les Huguenots ne ſont pas a condemner.

Comme nous regardons es hômes leur corps, & leurs accouſtremēts: auſſi nous conſiderons en l'Egliſe, la doctrine & les cæremonies, quant a la doctrine, ou corps de la relligion, i'ay monſtré au premier chapitre, que les Huguenots ont le cerueau, le cœur, le foye, & toutes les parties vitales entieres, ceſt a dire qu'ils tiennēt encores touts les points principaux de la foy. & que le plus qu'on leur ſcauroit reprocher, eſt qu'ils ayent quelques verrues & taches en la peau, i'entens quelques erreurs, aux circonſtances, & en la maniere, d'appliquer la dite foy. Or quant aux accouſtremens & ceremonies de la religion, ie confeſſe que l'Egliſe des Huguenots, n'eſt pas du tout ſi braue ny ſi bien parée, q; l'Egliſe Romaine, & pour cela, eſt volontiers mal venue, & meſpriſée, aux cours des grāds Princes, & Monarques du mōde.

D 3   Et

Et cela ie iuge estre la Cause pourquoy, l'Apologie Catholique a tasché d'excuser les simples & nues ceremonies de l'Eglise reformée, non pas pour blasmer les beaux & sumptueux habits de l'Eglise Catholique, ains pour monstrer qu'il ne faut auoir tel esgard a ceste simplicité exterieure, que de les condemner sans les ouir. Comme vn officier seroit par trop seuere, qui empescheroit vn pauure homme de presenter sa requeste a son Prince, pour n'estre pas habillé en courtisan.

La raison par laquelle l'Apologie les excuse, est que l'Eglise ancienne se contentoit iadis de pareille simplicité. Or sur ceste occasion l'autheur de la responseé, pense auoir gaigné vn grand auantage, sur l'Apologie Catholique, dautant (ce dit il) *qu'il* Pag. 27. "*peut prouuer que plusieurs des Cæremonies, que* "*reiectent les Huguenots, sont tresanciennes.* A quoy ie respons que i'accepte volontiers, ce qu'il octroye. Ascauoir qu'il ne peut prouuer, que toutes les Cæremonies de l'Eglise Romaine soyent anciennes, ains (comme il dit) plusieurs, & quant a ces plusieurs desquelles il fait mention, afin qu'on voye comme elles sont impertinentes, ie monstreray ces deux choses.

Premie-

Premierement qu'il ne prouue pas contre les Huguenots que l'Eglise Romaine s'accorde auec l'ancienne es dites Cæremonies.

Secondement qu'encores que l'ancienne l'Eglise en ait vsé, toutefois les Huguenots ne sont pas a cõdemner pour les auoir quitté.

Quant au premier point, mon intention n'est pas, de condemner les cæremonies de nostre mere saincte Eglise: Mais veu que nos gens sont si rigoureux, que d'empescher, nostre accord pour vne chose si indifferente, comme les Cæremonies; i'ay pris la hardiesse de luy contradire, & de monstrer que les Huguenots peuuent respondre aux raisons qu'il allegue: ce que ie ne di pas, pour les iustifier, mais afin que nous ne nous persuadions si absolument, que toutes choses facent si clairemẽt pour nous, oyons donc comme les Huguenots respondront aux seixe exemples qu'il ameine.

Le premier exemple, est le signe de la croix, touchant lequel les Huguenots confesseront, qu'il a esté en vsage anciennemẽt mais que l'vsage en a esté introduit en l'Eglise pour vne occasion particuliere & propre

1 Que l'eglise Romaine ne s'accorde auec l'ancienne en matiere de cæremonies.

2 Le signe de la croix. Pag. 17.

pre seulement a ce siecle la. Car les payens parmi lesquels les Chrestiens conuersoyent en ce temps la, auoyent accoustumé quand ils rencontroyent quelques Chrestiens, de faire le signe de la Croix par opprobre, d'autant que le Dieu quils adoroyent, auoit esté pendu en vne croix. Tellement que les Chrestiens pour monstrer quils n'auoyent pas honte d'vne telle mort, en toutes leurs actions faisoyent le dit signe. Or ceste occasion maintenant est ostée, & par ainsi les Huguenots diront qu'il n'est aucun besoing d'en continuer l'vsage, non plus que d'appliquer l'emplastre a vne playe ia guerie.

2
Oraison
faicte vers
l'orient.
Pag. 28.

Quant a l'oraison faicte vers l'orient ie n'ay iamais cogneu Huguenot, qui pensast, qu'il soit illicité de prier vers l'orient, ny Catholique qu'il soit illicité, de prier vers les autres coins du monde. Qui a il donc a dire entr'eux, sinon d'vne coustume

Socrat.lib.5
cap. 21.

indifferente, laquelle n'a pas esté obseruée anciennement en toutes Eglises? Car Socrates dit, qu'en l'Eglise d'Antioche l'autel estoit du tout au contraire, asçauoir vers l'occident.

Touchant l'inuocation de l'Eucharistie, nostre

noſtre aduerſaire dit, qu'il appert par Sainct Baſile, *qu'on vſoit alors, & de le temps des Apoſtres, d'inuocation, quand on monſtroit l'Euchariſtie*, Ie reſponds, que ces Paroles ne font rien contre les Huguenots : Car on peut bien vſer d'inuocation, pendant que le Sacrement eſt celebré, & ce pendant, l'inuocation eſtre de Dieu, & non du ſacremēt. Il eſt bien vray qu'il y auoit vne priere particuliere ordōnée pour ce faict la, que Sainct Baſile eſtimoit eſtre tradition des Apoſtres. Mais les Catholiques meſmes ne tiennent plus la meſme formule de prier. Et on ne peut ſcauoir par aucune antiquité, quelle eſtoit la forme de ceſte priere dont parle Sainct Baſile. De maniere que ſi ceſte priere eſtoit vne tradition Apoſtolique, noſtre Egliſe a eſté peu ſoigneuſe de la guarder, ce qui me faict croire, que nous auons ſoubs le tiltre de traditions Apoſtoliques, quelques choſes qui ne le ſont pas : Car il ſerà auſsi facile d'inuenter quelque tradition que nous n'auons pas receue, que de nous oublier de celles que nous auons receu : Car Dieu ordinairement ou il oſte la memoire, adiouſte de l'inuention, et ſouuent du iugement. Eſtant treſſagement faict ayant perdu vne tradition, d'en mettre vn,

autre

L'inuocatiō de l'Euchariſtie.
Pag. 28.

autre en sa place, pour tenir tousio..rs le nombre entier.

4 Benediction de l'eau du baptesme. Pag. 28.

Le quatriesme exemple, est de la benediction de l'eau du Baptesme. Or les Huguenots confesseront auec S. Basile, que l'eau du baptesme doit estré benie, mais ils nient ceste benediction auoir esté telle iadis, que celle que nous auons, dautant qu'ils disent que l'eau, & toutes autres creatures sont desia sanctifiées de Dieu, & particulierement, que l'eau en nostre Baptesme n'a aucun besoing de benediction pour la rendre plus saincte, d'autant que Sainct Chrysostome dit, que *Christ par son Baptesme a sanctifié toutes eaux.* Que si mon homme veut encores dauantage que necessairement l'eau du Baptesme, doiue estre benie en telle sorte qu'on faict pour le present. Ie di que Eusebe escrit, que Constantin le grand, vouloit qu'on baptisast, dedans le Iordain, & toutefois ie n'ay iamais ouy dire, que toute la riuiere du Iordain, fust d'eau benite.

Homil. 25 in Iohan.

5. 6. Consecratiō & vsage de l'huile au Baptesme. pag. 28

Ils diront le mesme de la consecration de l'huile : le mot de consecration au commencement ne signifiant autre chose que l'institution du signe a vn vsage sainct, & quant a l'vsage de l'huile, comme l'ancienne Eglise en vsoit au Baptesme, aussi vsoit elle
ed

de miel, & de laict, qui ne sont plus en vsage en l'Eglise Romaine. Pourquoy donc seront les Huguenots plus blasmez pour le defaut, d'vne ceremonie, que les Catholiques pour le defaut de l'autre. Et cela suffit aussi pour improuuer l'autre exemple qui s'ensuit, asçauoir que l'Eglise *Romaine accorde auec l'ancienne en toutes Ceremonies du Baptesme.*

<small>Tertul. lib. de corona militis.</small>

<small>„ Pag. 28.</small>

L'Exemple suiuant est du ieusne de Caresme, estimé par S. Ierosme vne tradition Apostolique. Surquoy les Huguenots respondront, que Epiphanius dit, que c'est vne tradition Apostolique de Ieusner les Mecredis & Vendredis, hormis entre Pasques & Pentecoste, auquel temps le mesme S. Ierosme, au mesme liure cité par la respose, dit qu'il est illicite de Ieusner, & toutefois les Catholiques ieusnent les vendredis au mesme temps. Pourquoy dóc seront les Huguenots plus a blasmer, pour s'esloigner de la coustume de l'ancienne Eglise, en l'obseruation de 40. iours deuant Pasques, que les Catholiq. pour desaccorder d'auec la mesme Eglise en obseruatió de 50. iours apres?

<small>7 Ieusne de Caresme. Pag. 28</small>

<small>Epiph. hæres. 75 Hieroni. contra Lucif.</small>

Touchant le sacrifice pour les morts, il appert par la lyturque des Grecs qui se lit au 5. Tome de Sainct Chrysostome, qu'on faisoit

<small>Sacrifice pour les</small>

faisoit mention entre les morts (pour lesquels on sacrifioyt) des Apostres & des Martyrs, qui vont (selon le iugement de touts) tout droit au ciel, & n'ont aucun besoing de telle oblation, qu'on offre auiourdhuy pour le soulagement des ames des trespassez. tellement que les Huguenots diront, qu'il faut dire que les ames des saincts de paradis, sont aidées de nos oblations, ce que les sages Catholiques ne diront pas : ou que le dit sacrifice pour les morts, n'estoit autre chose qu'vne commemoration pendant qu'on celebroit l'Eucharistie, ce que les sages Huguenots ne blasmeront pas.

Le dixieme exemple est du Baptesme des enfans, lequel les Huguenots approuuent aussi bien que les Catholiques.

Quant a l'admixtion de l'eau auec le vin dans le calice: selon le iugement de plus doctes Catholiques, ce n'est pas chose si necessairement requise, & pourquoy doncques blasmeront ils tant les Huguenots, d'auoir omis ceste ceremonie. Aussi les plus doctes Hugenots disent, quelle est licite, pourquoy doncques blasmeront ils les Catholiques, de l'auoir obseruée. On peut biē omettre, ce qui n'est pas necessaire, & obseruer, ce qui est licite.

Le

Le 12. exemple, est du perpetuel cœlibat, ce que les Huguenots ne blasmeront pas, mais ils diront que l'obseruatiō en ce temps la en estoit voluntaire, & non forcée, & qu'ō n'estoit pas contrainct de le vouer. Comme il appert par les Canons mesmes de l'Eglise. *L'Eglise* (dit vn Canon) *apres les constitutions des Apostres, adiousta quelques aduis de perfectiō comme du celibat des clercs.* Ou on peut obseruer deux choses côtre la respōse: l'vne que le celibat estoit ordonne par aduis, et non par cōmandemēt. L'autre qu'il a esté ordonné apres les Apostres, et ainsi ne sçauroit estre tradition des Apostres.

Perpetuel celebat. pag. 28

Le 13. exemple est de la vie solitaire ou contemplatiue, laquelle vie les Huguenots ne veulent absolumēt condemner, mais biē ils diront quelle estoit anciennement tout autre, q; celle de nos Hermites, & Anachoretes d'auiourdhuy. Car ceux qui ont les premiers introduit ceste façon de viure, l'ōt obserué seulement au temps de persecution, pour fuir l'Idolatrie, & les occasions d'estre forcés aux actions illicites par les tyrans qui regnoyent, comme l'histoire Ecclesiastique tesmoigne en la vie de Sainct Paul & Sainct Antonie, les deux premiers Hermites.

La vie solitaire. page. 29

Sozom. Hist. 1. c. 12.

Or pour les ordres des moynes, les Huguenots.

guenots nommeront le temps & l'année, quand chacun d'iceux a esté inuenté, & cõbien que en l'Eglise primitiue le nom de moyne fust desia vsité, toutefois ils estoyent tout autres gens que nos moynes d'auiourdhuy. Car premierement ils gagnoyent leur vie, a la sueur de leur visage, secondement plusieurs d'entreux estoyent mariez, comme escrit Athanase. Finalement les Huguenots diront qu'il n'y eut iamais moyne en la primitiue Eglise, qui ait tué vn Roy, ny aucun Catholique en ce temps la qui l'eust approuué.

Reste l'election des viandes, laquelle les Huguenots approuuent, moyennant que ce soit par discretion, & non par conscience, selon la coustume de l'ancienne Eglise. Et pour mieux esclarcir cela, il me seble, qu'on peut faire distinction, entre election de viandes, & difference de viandes : Car les Huguenots diront, qu'il n'y a point de difference de viandes, quant a la religion, d'autant qu'il est licite de manger toutes sortes de viandes indifferemment, sans faire conscience ; mais qu'on peut pour humilier sa chair, s'abstenir de telles viandes, qui incitent plus a concupiscence. Laquelle abstinence, dautant qu'elle est remise a la discretion

13 Ordres des moins. pag. 29.

Atha. ad Dracont.

14 Election des viandes. pag. 29

tion,& au chois de celuy qui ieufne, pour-ſoit eſtre proprement appellée election de viandes,car les Apoſtres(comme dit l'hiſt. Eccl.) *auoyent laiſſé en la liberté de chacun, d'uſer tant es Ieuſnes,qu'es autres iours, de tel-* Trip.hiſt. *les viandes qu'on voudroit.* la ou les ieſnes de 9.cap.38 l'Egliſe Romaine (diront, les Huguenots) doiuent pluſtoſt eſtre appellez preſcription de viandez,qu'election: dautant que l'ecti-on eſt volontaire, & leur abſtinence eſt e-ſtreinte.

Finalement quant aux iours de feſtes leſ-quels il nomme icy tradition Apoſtolique, Iours des ie di que l'hiſtoire Eccleſiaſtique monſtre feſtes. tout le contraire. Car Socrate dit en ter- pag.29. mes exprez. *Que les Apoſtres n'ont rien or-* Lib.5.c.28 *donné touchant les iours de feſtes.* Dauantage ceux qui les ont eſtimez eſtre ordonnez par les Apoſtres, ont eſté forcés en fin de met-tre l'obſeruation d'icelles entre les choſes indifferentes. Car de touts les iours de fe-ſtes,il ny en a aucun qui ait eſte obſerué a-uec plus de deuotion que le iour de paſques lequel l'Egliſe Occidentale celebroit au di-manche,l'orientale aux autres iours : l'vne confirmant ſa couſtume par la tradition de Pierre,& de Paul,l'autre par la tradition de Iean & de Philippe , dont la controuerſe
a eſte

a esté ainsi appaisée entre Polycarpe, & Victor euesque de Rome, que l'obseruation en seroit libre, or les Huguenots ne blasment pas simplement l'obseruation des festes, ains l'obseruation forcée. Car en Angleterre, en Allemaigne, en Suisse, & es autres païs ou la religion pretendue reformée, est establie, on retient encores plusieurs festes, sans que les Huguenots de France, les blasment.

Sozom. li. 7. cap. 19.

Mais posons le cas que l'vsage de toutes les cæremonies subdites, ait esté tel en l'Eglise ancienne; qu'en la Romaine: Toutefois ie di que touts ces exemples ne sont rien a propos. Dautant que les cæremonies (comme i'ay dit) ne sont que les accoustremens, qui changent de façon bien souuent, & sont accommodées au temps & au lieu, ce que nostre aduersaire confesse luy mesmes. Car sçachant que la plus grande partie de nos cæremonies a esté incognue des anciens. Il n'a autre responce, que cela, qui mesmes suffit pour luy respondre, c'est asçauoir, *quil n'appartient pas beaucoup, a la matiere asçauoir mon si les cæremonies Ecclesiastiques estoyent en vsage en la primitiue Eglise, ou si elles ont esté innouées, en ces derniers temps.*

2 Que les Huguenots ne sont pas a blasmer pour quitter les cæremonies de l'ancienne Eglise.

Pag. 27

Or l'Escripture (diront les Huguenots pronon

prononce la mefme malediction, contre ceux qui adiouſtent que contre ceux qui oſtent, de maniere que s'il eſt licite a l'Egliſe Romaine d'adiouſter aux ceremonies anciennes, il nous eſt licite auſſi (diront ils) d'en oſter, principalement celles qui ont eſté adiouſtées.

Secondement l'Egliſe eſt appellée primitiue, ou au regard de ſoy, d'autant qu'elle eſt vrayement ancienne, ou bien au regard de la moderne, d'autant qu'elle eſt plus ancienne que la noſtre. Or ſi nous parlons de l'Egliſe comme elle eſt ancienne en ſoy, les Huguenots diront qu'il n'y a aucune reſſemblance des cæremonies de l'Egliſe moderne, aux ceremonies anciennes: mais parlãt de celle qui eſt plus ancienne que la noſtre (duquel temps ſeulement ſont tirez les exemples de noſtre aduerſaire) ils diront qu'écores que la pluſpart de nos ceremonies ſoyent du tout differentes, toutefois il y en auoit trop pour lors en l'Egliſe, tellement que S. Auguſtin en ſon temps ſe plaignoit fort, de la multitude d'icelles.

Epiſt. 119. cap. 19.

Finalement, comme l'ancienne Egliſe auoit quelques ceremonies que les Huguenots n'ont pas, auſſi en auoit elle aucunes que l'Egliſe Romaine n'a pas, comme le

E laiſt

laict & le miel au Baptesme: la coustume de plonger l'enfant trois fois aux fonds, laquelle a esté ostée (comme dit S. Thomas) pour euiter la calumnie de Sabellians, qui sur ceste occasion, reprochoyent aux Chrestiens qu'ils adoroyent trois Dieux. Dont on peut receuillir, combien les ceremonies sont indifferentes, pendant qu'il n'y a point d'abus, & de l'autre costé combien il est licite voire necessaire de les oster pour preuenir vn plus grand inconuenient. Dont on peut dire cela pour les Huguenots, quils ne se desuoyent pas en ce point de la coustume de l'ancienne Eglise, entant que ils ne mesprisent pas plusieurs ceremonies, côme elles estoyent anciennement praticquées. Toutefois les reiectent maintenant quand elles sont changées en telle superstition, que nos plus doctes Catholiques se mocquent du pauure peuple, qu'eux mesmes ont abusé.

CHAP.

CHAP. III.

Que la doctrine des Huguenots n'a pas esté cõdemnée par aucun iugement legittime deuant le Concile de Trente.

Vsques ici i'ay parlé de la religiõ des Huguenots, en soy, tãt en la doctrine, qu'es ceremonies: ascauoir que les ceremonies sont choses indifferẽtes, & que leurs erreurs en doctrine ne sont pas au fondement de la foy: de maniere qu'ils ne sont hæretiques au regard de la meschanceté de leurs opinions. Voyons maintenant, s'ils le sont par condemnation. Or nostre aduersaire pour les conuaincre, ameine les decrets de plusieurs conciles : ausquels auant que respõdre, ie proposeray quatre consideratiõs.

La premiere est, si vn concile general, & legittime peut errer ou non, en la substance de la foy, d'autant qu'il est cõposé d'hommes, au tesmoignage desquels, (comme dit S. Augustin) il n'y a point de certitude, *on peut adiouster foy a l'Escriture* dit il) *sans doubter, mais pour le regard, de touts autres tes- moings & tesmoignages, Il est licite de le croire* August: Epist. 112.

E 2 *ou de*

ou *de ne les croire pas*. Tellement que ce priuilege est seuleument donné a l'escripture d'estre d'vne certitude irrefragable. Or s'il est ainsi, touts les passages tirez de l'authorité des Conciles sont sans poix, si ce n'est qu'ils les prouuent par l'escripture. Mais veu que c'est la responce commune des Huguenots, ie ne m'en seruiray, ains comme vn vray Catholique, ie confesseray pour vne maxime infallible, qu'un concile legittime & general, ne peut errer en la substâce de la foy.

La seconde est, ascauoir mon, si vn tel Concile general peut errer, sinon en la substance de la foy, pour le moins es autres points de Thologie de moindre consequence. Or s'il peut errer en telles choses, alors veu que i'ay monstré que les erreurs des Huguenots ne sont pas en la substance de la foy, les Conciles peuuent errer au iugement des controuerses qui sont entre eux & nous. & alors ceste seconde espece d'heresie que nous faisons est superflue, & leurs erreurs n'estants pas hæresies de leur nature, ne peuuent estre rendus hæresies par côdemnation. Car la raison pourquoy celuy est hæretique, qui resiste aux decrets d'vn concile est d'autant que par ce moyen il reil resiste au iugement du S. Esprit lequel infailliblement accompagne le Concile.

Or si le S. Esprit, n'est promis au Concile sinon entant, qu'il traicte des choses necessaires a salut: ceux qui tiennent des opinions contraires au Concile en autres choses ne resistent pas au iugement du S. Esprit: & par consequent ne sont pas hæretiques. Or Stapleton professeur des controuerses a Douay vn des plus doctes Catholiques de nostre temps & qui plus exactemét a escrit de cest argument, tient que le S. Esprit est promis d'assister aux Conciles, seulement es choses necessaires, & qu'es autres ils peuuent errer. Et Andradus mesme, qui defend le Concile de Trente, au mesme liure qu'il le defend comme general, legittime, & sain en matiere de la foy, condemne la traduction vulgaire de la Bible, comme corrompue, non obstant que le dit Concile l'ait approuuée cõme Authentique, & defendu a touts de la condemner, sous quelque prætexte que ce soit. Tant peu il se sioit au iugement des Conciles, es choses qui n'estoient de l'essence de la foy.

Mais confessant qu'vn Concile legittime ne peut du tout errer. Toutefois il y a encores vne troisieme difficulté, Asc. si les

Stapleton. princip. docti:contr.4. lib.8,cap.18

Defensio fi- dei Triden. lib. 4.

Cõcil. Trid. sess. 3.

E 3 Conci-

Conciles qu'il cite contre les Huguenots, sont legittimes, ce qu'vn Catholique pourroit nier, d'autant qu'il se trouue en iceux plusieurs nullitez, en la maniere de proceder qui ne se trouuent pas es Conciles anciens, comme ie monstreray au chapitre suiuant, quand ie parleray du Concile de Trente. Or les Huguenots seront contens d'estre iugez par les Anciens conciles qui ont esté 600. ans apres Iesus Christ, iusques a ce que (comme ils dient) Le Pape obtenant vne Monarchie trop absolue en l'Eglise, a osté la liberté aux Conciles, & assubiecti les voix des outres Euesques a la sienne. Or touts les Cōciles alleguez par nostre aduersaire ont esté depuis ce temps là.

Reste maintenant la quatriesme difficulté, ascauoir mon, si les Huguenots ont esté iustement condemnez par les derniers Cōciles. Or de ces 4. considerations on peut obseruer combien est friuole sa vantière des Conciles, dautant qu'il ne scauroit rien conclurre, sans qu'il aye liberté de donner aux Conciles telle authorité qu'il veut, de faire legittimes tels conciles qu'il veut, & de faire parler les conciles comme il veut. L'homme le plus innocent du monde peut estre conuaincu par telles preuues, si on

veut

veut croire sans autre examination tout ce que chasque tesmoing produira contre luy, & quand son ennemi aura la liberté d'eslire des tegmoings a son plaisir, & de iuger de leur tesmoignages.

Mais pour retourner a nostre propos, voyons maintenant si les Hnguenots sont legittimemēt condemnez par les Conciles qu'il ameine, ou non. Ce que l'Apologie Catholique nie, en quoy (selon mon aduis) il monstre grand zele a la Religion Romaine: Car voyant tant de monde infecté de la doctrine des Huguenots, dautant qu'elle n'est pas encores cōdemnée par forme legittime de procés. Il s'efforce de persuader aux Catholiques de faire assembler vn concile legittime, pour les confuter, a fin que les Huguenots soyent bien satiffaicts, voyent leurs erreurs, & n'ayent aucune excuse de reiecter la doctrine de l'Eglise Romaine.

Mais voyant que plusieurs Catholiques seditieux, qui ont plus de desir de tuer leurs corps, que de sauuer leurs ames, empeschēt vne action si sancte, soubs couleur, qu'ils sont desia condemnez par autres Conciles l'Apologie Catholique faict tresbien, de leur remonstrer qu'ils ne deuroyent laisser

pour

pour cela de pourfuiure vne fi bõne entreprife, d'autant que les premiers arrefts par lefquels les Huguenots ont efté condemnez n'ont pas efté en dernier reffort:& que pour cela les Huguenots en peuuent appeller: de maniere qu'il faut que nous leur facions le procez derechef, pour les condéner, par vn tel arreft, qu'eux mefmes ne fcauroyent recufer. or noftre aduerfaire refpõd qu'il n'eft pas befoing de faire cela, & qu'ils fõt defia legittimemẽt cõuaincus par vn tel iugement; Ce qu'il monftre par deux raifons.

L'vne eft que la doctrine de l'Eglife Romaine a efté publiquemẽt eftablie par conciles generaux deuant le Concile de Trente.

L'autre que la religion des Huguenots eft la mefme, que celle des anciens hæretiques ia condemnez.

Tranfubftantiation.

Quant a la premiere, la *principale controuerfe* (dit il) *gift au Sacrement de la Cene laquelle n'eft pas feulement iugée par le Concile de Trente, mais par les dix plus anciens Conciles de l'Eglife*. Or pour confirmation de cela, il cite les Conciles de Vercelle, de Tours, de Vienne, Conftance, de Florence, & de 5. autres tenus a Rome; dont le principal a efté celuy de Latran fous Innocent 3. ce font

Pag. 29.

sont les 10. conciles que noſtre aduerſaire appelle les plus Anciens de l'Egliſe. Certainement l'Egliſe donc a eſté long temps ſans conciles : car le plus ancien de deux ci a eſté mille ans aprés le temps des Apoſtres. Mais peut eſtre il entend l'Egliſe Romaine, comme elle eſt differente en doctrine de l'Egliſe ancienne, aſçauoir que les dits conciles ſont les plus anciens de ceſte Egliſe, qui vn peu deuant la celebration des ſuſdits Conciles, deuint nouuelle Egliſe, c'eſt a dire tout autre que la premiere, & par ainſi il n'eſtime pas ces conciles ſimplement anciens : mais le plus anciens de l'Egliſe qui n'eſt pas ancienne. Or ie m'esbahi pourquoy il eſt ſi mal auiſé de donner ceſt aduantage aux Huguenots, de conclure de ces paroles, q; noſtre ſainct Egliſe Romaine eſt nouuelle, & occaſion au peuple de ſçauoir par ſa confeſsion qu'elle eſt telle. Auquel inconuenient l'autheur de l'Apologie Catholique a beaucoup mieux preuenu. Car ſçachāt tresbien que nous ne pouuons prouuer la doctrine de l'egliſe Romaine par anciens conciles, il deſire pluſtoſt, qu'on taſchaſt d'en aſſembler vn nouueau : de puer qu'en citant les autres leſquels de faict ne ſont pas anciens, le peuple vint par ce
moyen

moyen a soupçonner que nostre doctrine est nouuelle.

Mais pour retourner ausdits Conciles outre ce que touts sont nouueaux, il y en a 7. qui ne sont pas approuuez comme generaulx, des plus doctes defenseurs de la religion Romaine. & pourtant, selon le iugement mesmes desdits Catholiques, peuuét errer, & par consequent il est licite d'en appeller a vn general, de maniere que l'opinion de Sainct Cyprian touchant la rebaptisation des enfans ayant esté condemnée par le Pape Corneille, en vn Concile particulier tenu a Rome, & la dicte sentence approuueé par le Pape Estienne. Sainct Cyprian neantmoins tenoit tousiours la dite opinion, accusant les deux Papes & le Concile d'erreur: ce que sans doubte il n'eust faict, s'il eust pensé que l'authorité d'vn concile particulier fust sans appel, au moyen dequoy entre lesdits conciles qu'il cite il ny en a que trois, asçauoir celuy de Latran, de Vienne, de Florence, estimez des Catholiques mesmes generaux. & par consequent seulement trois qui peuuent iuger au dernier ressort.

Concile de Latran.

Quant a l'arrest de celuy de Latran ou

on ne doibt pas trouuer estrange si les Huguenots le recusent d'autant que le dit Concile selon le iugement des Catholiques mesmes peut errer en la sentence donnée contre eulx. Car l'Escot dit que la transsubtantiation est vne opinion probable, & vne opinion probable n'est pas necessaire. Or en iugeant d'vne doctrine qui n'est pas necessaire, Stapleton dit qu'vn Concile general peut errer. Dont il appert qu'en la doctrine de la transsubstantiation l'arrest du dit Concile n'estoit pas certain pensons nous donc que les Huguenots s'arresteront a vn tel decret que les Catholiques mesmes confessent estre suiet a erreur.

Or touchant le Concile de Vienne, *C'est erreur (dit il) y est condemné a-* *sçauoir, qu'il ne faut faire aucun honneur & reuerence a la Saincte Eucharistie, lequel erreur personne n'ignore, qu'il ne soit aussi de Caluin, & de touts les Sacrementaires. Ie dy que nostre aduersaire & tels que luy, font grand tort a l'Eglise Romaine, en* donnant occasion aux Huguenots de reprocher aux Catholiques, quils sont menteurs & caluminateurs : car ceux

Concile de Vienne.

pag. 32

de la

de la religion ne difent pas (comme il les faict parler) qu'il ne faut faire aucun honneur & reuerence a l'Eucharistie, ains qu'il ne la faut pas adorer cōme les Catholiques font.

Concile de Florence. Le dernier Concile est celuy de Florence, l'authorité duquel les Huguenots peuuent reietter, dautant qu'il desaccorde d'auec les autres Conciles. Car le concile de Basle & de Constance, que nostre aduersaire nombre icy parmi les conciles generaux, ont iugé que l'authorité du Concile est par dessus le Pape, ou le Concile de Florence faict le Pape par dessus le Concile : laquelle sentence n'est pas seulement (comme i'ay dit) contraire aux conciles de Basle, & de Constance, mais repugnante au iugement de touts les Theologiens de Paris de ce temps la, tellement que si les Huguenots font mal en desaccordant auec le Concile de Florence, ils le font par l'exemple des Theologiens Catholiques, & d'autres conciles, voire qui (mesmes par le iugement de nostre aduersaire) sont generaux.

Franc Arbitre. La seconde doctrine de laquelle il fait métion est le Franc Arbitre, lequel pour auoir nié, les Manichéens & autres hæretiques ont esté condemnés par S. Augustin, S. Ierosme, rofme S. Leon, &c. Or ie refpons que les huguenots ne le nient pas en telle maniere que les dits heretiques ont faict. Cóme on peut bien obferuer en la doctrine des Manichées lefquels faifoient deux neceffaires principes, l'vn du bié, & l'autre du mal, & par ainfi noient fimplement le Franc arbitre tant de mal que de bien faire: quand il aura monftré que les Hugnenots tiennent aucune telle opinion, fes exemples feront a propos.

Dauantage il conferme la mefme opinion par 4. Conciles, afç. par vn particulier tenu en France, par ceux d'Auranges, de Sens & de Conftance. Ie refpons qu'il feroit trefaifé d'interpreter, lefdits Conciles fans les reietter en ce point du Franc arbitre. Mais pour faire court, ie ne prendray la peine de les examiner, d'autant que trois d'iceux font particuliers, & pour cela (comme i'ay defia monftré) peuuent errer, & on en peut appeller. Quant au quatriefme, qui eft celuy de Conftance, bien qu'il foit nommé general par noftre aduerfaire, neantmoins Bellarmin approuue feulement 18. conciles pour generaux & legittimes, au rãg defquels ceftuy cy n'eft pas.

Tom. 1.
Cont. 4
lib. 1. cap. 5.

La troifeme herefie dõt il parle qui eft celle par laquelle les Huguenots tinnent *que les petits*

Enfans morts fans Baptefme.

petits enfans qui meurent sans Baptesme, ne périssent point, est (dit il) *assés manifeste*. Et com‑ ment? *Par tant de tesmoinages* (dit il) *de le‑ scripture, par tant de decrets des saincts conciles, par tant de responces des Saincts Peres*. Et tou‑ tefois il n'allegue que deux passages de S. Augustin, lequel comme de faict il a tenu ce‑ ste opinion, que les enfans ne peuuent estre sauuez sans Baptesme, aussi a il tenu quils ne peuuent estre sauuez sans receuoir l'Eucha‑ ristie, laquelle opinion nos Catholiques mesmes condemnent, pourquoy donc se‑ royent les Huguenots plustost heretiques, pour desaccorder auec Sainct Augustin, en vn sacrement, que les Catholiques de reiet‑ ter son iugement touchant l'autre.

pag. 29

4 Veneration des images.

Le quatriesme point est la veneration des images, laquelle a esté confirmée par le se‑ cond concile de Nice, auquel ie puis oppo‑ ser le Concile de Francfort celebré depuis ledit Concile, lequel a mesprise l'authorite de ce concile de Nice, & condemné les de‑ crets d'iceluy. Et ne sert rien a nostre ad‑ uersaire de dire que ces tesmoignages ont assez de poix enuers les Catholiques. Car au Concile de Francfort il n'y en auoit pas d'autres que les Catholiques, & les legats mesmes du Pape y asisterent. Voicy tous

les

les Conciles que nostre aduersaire a receulli contre les Huguenots, lesquels touts, hormis celuy de Latran de Vienne, de Florence & ce dernier de Nice, sont particuliers, & par consequent arrests qui peuuent estre annullez & cassez. & puis, de ces quatre qui par aucuns sont estimez generaux, le premier (i'entens celuy de Latran) a esté (selon l'opiniõ de l'Escot & de Stapletõ deux tresgrãds Catholiques) suiet a erreur. Les paroles qu'il tire du second, ascauoir de Vienne, ne font rien a propos. le iugement du troisieme ascauoir celuy de Florence, a esté contraire aux arrests des Conciles de Basle, & de Constance. Le dernier de Nice, a esté condemné par le Concile de Francfort. Pourquoy donc cederont les Huguenots a l'authorité de tels Conciles, d'auec lesquels les Catholiques mesmes, voire Conciles de Catholiques desaccordent? Comme pourrons nous donc esperer de les conuertir par telles preuues. Cõuoquons des nouueaux conciles: donnons audience indifferente a leurs ministres, refutons leurs raisõs en leur face: autrement nous ne reduirons iamais les Huguenots desuoyez au vray chemin.

La seconde raison par laquelle nostre aduersaire, refute les Huguenots, est d'autant qu'ils

2 Que la doctrine des Huguenots n'est pas la mesme que celle des anciens heretiques ja condemnés.

qu'ils s'accordent en doctrine auec les anciens heretiques, asçauoir auec les Arriens qui par le tesmoignage de S. Augustin, ont reietté 1. la priere pour les trespassez, 2. les Iesunes assignez, 3. la differéce de l'Euesque & du simple Prestre, & auec Iouinian & Vigilance, touchant, 4. la continence & virginité, 5. les merites & recompenses des Saincts, 6. la veneration des reliques, 7. l'inuocation des Saincts, 8. & l'election des viandes.

Ie respons premierement que comme vn bon Catholique peult errer aussi vn hæretique quelques fois peut dire la verité. Sainct Cyprian & Ticonius Donatiste ayants di- *Retract. li. 2. cap. 18.* uersement exposé vn passage de la Saincte Escriture, Sainct Augustin reietta l'interpretation de S. Cyprian & approuua celle de Tyconius. Tellemét qu'il ne suffit pas de móstrer qu'vn heretique ait tenu vne telle & telle opinion s'il ne monstre que la dite opinion est heresie. Secondement i'ay monstré au chapitre precedent, que l'usage des choses indifferentes pouuoit estre legitittime en l'ancienne Eglise, & toutefois illicite en la nostre, tellement que les Huguenots peuuét iustement blasmer les mesmes choses, que les dits heretiques ont iniustement blasmé,

blasmé, iusques a ce que nous prouuions non seulement que les dites choses sont les mesmes, mais encore qu'il n'y a point plus grand abus maintenant esdites choses, qu'il y auoit anciennemēt. Or quant aux opinions suiuantes, les Huguenots diront, que ny les peres les tenoyent en telle maniere que maintenant les Catholiques les tiennent, ny que les hæretiques les blasmoyent comme fōt les Huguenots. Ainsi que nous verrons par les exemples suiuans.

Premierement touchant la priere pour les morts, les Huguenots diront, que l'Eglise au commencement ne faisoit qu'vne commemoration des trespasséz, dautant (comme i'ay obserué au chap. precedent) que on faisoit aussi mention des Apostres, & de ceux qui sont desia au ciel. Or ceste commemoration (diront les Huguenots) a engendré la priere pour les morts, ceste priere a produit le Purgatoire, le Purgatoire les pardons, & les pardons ont apporté l'argent aux coffres du Pape. Or (diront ils) pendant que les derniers abus n'estoyent pas en l'Eglise, si aucun eust blasmé ceste coustume de faire commemoration des morts, il se fust monstré estre d'vn esprit contētieux. Voire ils diront d'a-

Priere pour les morts.

F   uantage

uantage qu'on pouuoit conniuer aux petits abus principalement en telles choses qui auoyent apparence de charité, comme auoit la priere pour les morts, & qui incitoyent les payens a priser la foy Chrestienne. Mais quand ceste occasion a cessé & les abus sont deuenus si grands (côme ils disent) il n'est plus temps de conniuer, & n'y a autre moyen de corriger ces abus, qu'en ostant les premieres occasions, bien que legeres d'elles mesmes, dont ils sont procedez. De maniere que si nous voulons monstrer que les Huguenots sont semblables aux anciens heretiques en blasmant la priere pour les morts, il faut monstrer aussi, que l'ancienne Eglise pour deliurer les dits trespassez de purgatoire a faict la mesme marchandise de pardons & indulgences, que l'Eglise Romaine faict. Autrement l'abus n'estant pas le mesme, les choses ne meritent pas pareil blasme. Et ceux qui les blasment, ne sont en pareille faute.

2 Tochāt les ieusnes assignez, ie suis tres-marri qu'en disant que les Huguenots suiuent les anciens hæretiques, il leur donne occasiō de se reuenger de nous, & de prouuer que nous au contraire suiuons les anciens hæretiques. Car Eusebe dit que Mōtanus

Ieusnes assignes.

tanus l'heretique, fust celuy qui ordonna les loix des ieusnes: Veu qu'anciennement les ieunes assignez n'estoyent establis pour autre intention que pour garder l'ordre, sans contraindre la conscience d'aucun. Dont certainement celuy qui les blasmoit auoit tort, veu qu'il n'auoit point de superstition. Mais depuis (diront les Huguenots) la superstion est deuenue telle, que le iour mesme (d'autant qu'il est veille d'vn tel Sainct) est reputé plus sainct que les autres iours. Et par ainsi ceste ordre a engendré la superstition & pour euiter la superstition, l'ordre peut estre changé.

<small>Hist. lib. 5. cap. 16.</small>

3. Or quant a la distinction du Prestre & de l'Euesque, ils diront qu'au commencement ils ont esté egaux mais que depuis les uns furent esleués en quelque dignité par dessus les autres, & qu'en fin vn est deuenu Monarche par dessus touts. Or diront les Huguenots deuant ceste Monarchie vniuerselle du Pape, il n'y auoit telle raison de blasmer la distinction des degrez des Pasteurs, laquelle estoit en soy tollerable, ny du tout inutile, mais ils diront qu'il est manifeste que les peres n'estimoyent pas que ceste distinction fust ordonnée de Dieu, ains seulement vne ordonnance Positiue,

<small>3 Distinction de l'Euesq; et du simple prestre.</small>

F 2   pour

pour garder (comme dit S. Ierofme) l'vnió en l'Eglife: *vn Prebſtre* (dit il) *eſt le meſme qu'vn Eueſque, mais apreẓ en tout le monde a eſté ordonné qu'vn fuſt choſi par deſſus les autres, afin que la ſemence de ſchiſme puiſſe eſtre oſtée,* toutefois il confeſſe, *que les Eueſques pluſtoſt par couſtume que par ordonnance de Dieu ſont ſuperieurs aux Preſtres.*

Con.1.cap. Epiſt.ad Titum.

4 Mariage & virginitée.

4. Le quatrieme point auquel il dit que les Huguenots enſuiuent les anciens hæretiques, eſt touchant le mariage & virginité. ce qui eſt vne pure calomnie, car les Huguenots ne diſent pas auec Iouinian, que le mariage eſt ſimplement egal a la virginité, ains en telle ſignification que S. Auguſtin dit *qu'il n'oſe preferer la virginité de S. Iean au mariage d'Abraham*, ny auec Vigilance qu'il eſtoit illicite de faire vn Prebſtre ſans qu'ait eſtre premierement marié. Mais auec ce ſainct homme Paphnutius qu'il eſtoit licite a vn preſtre d'eſtre marié.

5 Merites & recompenſes des ſaincts.

5 Touchant les merites & recompenſes des Saincts, ie n'entés pas ce qu'il veut dire, s'il entend que les Saincts recoyuent recompenſe, de leurs bonnes œuures les Huguenots s'y accorderont. Mais, s'il parle des œuures de ſupererogation, gardées (cóme on dit) au threſor de l'Egliſe, & appliquées

pliquées aux ames d'autruy par les indulgences du Pape, Les Catholiques mesmes diront, que l'Eglise en a esté mille ans en pareille ignorance que les Hugrenots, car Dieu nagueres pour le bien & auancement du Pape a reuelé ce Thresor caché si long temps, & l'vsage profitable des indulgences.

6. & 7. Quant aux reliques ie di que le mesme S. Ierosme qui a escrit contre Vigilance, pour auoir blasmé les reliques des Saincts, au mesme liure cōtre le mesme Vigilāce approue les veilles des Saincts. Toutefois pour l'abus qui se faisoit de nuict es dites veilles, les Catholiques mesmes les ont defendues, & on ieusne seulement es veilles des Saincts, bien que les iours retiennent encor le nom des veilles. Or donc il faut dire que les Catholiques mesmes, sont condemnés par S. Ierosme, aussi bien que les Huguenots, ou que l'abus rend les choses dignes de blasme en vn temps & hors de blasme en vn autre, & ainsi il ne faut pas considerer si les Huguenots s'accordent auec Vigilance, en la reprehension des reliques, mais s'il n'y a point d'auantage d'abus maintenant, en la veneration d'icelles qu'au temps de S. Ierosme. Car ils ne blasment

6 7 Veneration des Saincts & des leurs reliques.

Hierosm. lib. contra virginal.

blasment pas les reliques simplement, ains i'ay ouy plusieurs Huguenots dire que s'ils estoyent asseurez d'auoir aucun ancien monument de nostre Seigneur, ou de ses Apostres, qu'ils en feroyent grand compte, & l'estimeroyēt beaucoup plus, qu'aucune medaille ou antiquité des anciēs Romains, a plus forte raison donc honorent ils leurs personnes, encore qu'ils ne les inuoquent pas, maintenant qu'ils sont morts, dautant (ce disent ils) qu'eux mesmes leur ont defendu de ce faire, pendant qu'ils ont vescu. Tellemēt que si nous voulons prouuer que les Huguenots sont ennemis de l'honneur des Apostres il faut prouuer par leurs escrits que telle estoit leur volonté, d'estre inuoquez. Autrement les Huguenots nous diront qu'ils honorent les saincts mieux que les Catholiques en ayant tel soing aprez leur mort de garder leurs preceptes. Estant manifeste que cest enfant aime le plus son pere defunct, qui est plus soigneux d'obseruer sa derniere volonte.

Electiō des viandes.

8. La derniere opinion des anciens heretiques, qu'il ameine, est l'election des viandes, touchant laquelle les Huguenots donneront aussi la mesme responce, qu'aux autres obiections asc. qu'il estoit illicite de condem-

condemner l'election des viandes en ce temps la, & toutefois licite de la blasmer maintenant, dautant que c'estoit alors vn ordre sans forcer les consciences, & si quelqu'vn replique qu'en l'Eglise on faict le mesme, que seulement la populace estime vne viande plus saincte qu'vne autre, & que les doctes Catholiques tiennent que le peché de manger chair es iours defendus est seulemēt pour le regard de l'ordonnāce, & non pour le regard de la nature des viandes: d'ou vient donc que Durand le grand defēseur des Ceremonies de nostre Eglise, se sert de ceste raison, pour confirmer l'abstinence de manger chair. *que le poisson est une viande plus saincte, d'autant qu'au temps du deluge, Dieu maudist la terre, & les choses qu'elle auoit produit, mais non pas l'eau.* Lib. 6. cap. de aliis ie. iuniis.

Voicy les anciennes hæresies rescuscitées (comme il dit) par les Huguenots: mais a tort: car ils ne deuroyent pas estre parangonnez aux hæretiques, iusques a ce que nous ayons prouué, que l'Eglise Romaine non seulement s'accorde auec l'ancienne esdites choses, mais aussi es circonstances, car ces choses qui pour la pluspart sont ceremonies, sont d'elles mesmes indifferentes, & le droict vsage, ou l'abus, les faict

F 4 licites

licites ou illicites, & par consequent, il est ores licite, ores illicite de les blasmer. Cōme il n'eust pas esté licite de rompre le serpent d'airain pendant qu'il a esté sacremēt mais necessaire de le rompre quand il deuint Idole.

CHAP. IV.
Que le Concile de Trente n'est pas legittime.

Rraces a Dieu nous sommes en fin venus au S. Concile de Trente, Concile certainement dont nostre aduersaire a besoing de faire grand cas, car les preuues tirées des Conciles precedents, n'ont esté que de deux ou trois questions, & icelles plustost coniectures probables, que preuues. Mais quant au Concile de Trente, il refute ouuertement, toutes les heresies que les Huguenots mantiennent. Au moyen de quoy nostre aduersaire se tourmente plus en la defense d'iceluy, qu'en aucune autre question

question que ce soit, combié qu'il n'vse d'aucune preuue tout a faict pour le confermer ains seulement responde a quelles obiections de l'Apologie Catholique, lesquelles ie trouue en nombre trois.

La premiere qu'en iceluy le Pape a faict office de iuge & de partie, & que luy mesme a conuoqué le Concile & y a presidé.   1

La seconde que ceux qui poursuiuoyent la reformation n'y ont pas esté ouis.   2

La troisiesme, que d'autant que les Huguenots peuuent alleguer plusieurs nullites, tant en la forme qu'aux decrets arrestez au dit concile, nous ne sommes pas obligez d'accepter sans examination les ordonnances d'iceluy, dautant Sainct Iean nous a commandé d'esprouuer les Esprits.   3

1   A la premiere obiection que le Pape a esté iuge & partie. Il respond en premier lieu. *Que le Pape ne doibt perdre le droict de conuoquer les Conciles, & de presider en iceux,, car il a obtenu ce droit au parauant* 1500. *ans.* Les Huguenots facilement trecheront de ceste somme 500 ans. Esquels le Pape ne conuoquoit les anciens Conciles, n'y y presidoit. Le premier de Nice a esté conuoqué

1 Obiection. cap. 11.

par

par Constantin le grand, celuy de Constantinople par Theodose l'ancien: celuy d'Ephese, par Theodose le ieune: celuy de Calcedoine par l'Empereur Martian. Et le mesme peut on dire de ceux qui ont presidé en iceux. Au Concile de Nice Osius Euesque de Cordube presida: au Concile d'Ephese, Cirille Archeuesque d'Alxandrie: Et cela suffit pour vne verité si manifeste. v. f. 78.

2 Secondement il respond, *qu'il ne repugne pas a l'equité d'vn grand Prince, de pouuoir estre iuge & partie, car le Prince souuerain est tousiours iuge iusqu'a ce qu'il soit legittimement declaré esté decheu de sa principauté. Combien mesme que contre luy soit intenté le procez.* Ie di qu'il y a vn troisieme, qui iuge entre le Prince & le subiect, quand il y a procez entre eux, et bien que le dit iuge soit officier du Prince, si est ce qu'il peut iuger en dernier ressort contre luy, & ne se trouue aucun Prince, s'il n'est tyran qui vouluſt reuoquer le dit iugement, comme le Pape a cassé les arrests qui furent donnez par les Conciles de Basle, & de Constance contre luy. Mais quand bien i'auray confessé, qu'vn prince souuerain peut estre iuge en sa propre cause, toutefois cela doit estre enten-

entendu d'vn procez de petite conſequence, Mais quand le different giſt en cela, aſcauoir mon s'il eſt Roy legittime ou non, nous nous pourrions bien aſſeurer, qu'il n'en ſeroit iamais depoſé ſi luy meſme eſtoit l'arbitre. Et tel eſt le premier article du procez intenté contre le Pape. Les Huguenots nient qu'il ſoit ſouuerain de l'Egliſe. Ce different doncques comment (ie vous ſupplie) ſera il vuidé, s'il n'y a autre iuge que luy?

3 Tiercement il monſtre par exemples, que le Pape Marcellin, Sixte 3. Symmachus, Leon, Alexandre Eueſque d'Alexandrie, Cirille, & Leon le premier, ont eſte iuges, en leur propre cauſe. Or quant a Sainct Marcellin quand _il euſt donné_ (dit il) _de l'encēs aux Idoles, il s'en alla s'accuſer au Concile de Sinueſ-ſe, toutefois perſonne n'oſa prononcer ſentence a l'encontre de luy, mais touts les Eueſques, d'vne voix s'eſcrierent, pere iuge de ta bouche meſme ta cauſe._ Ie reſpons premierement qu'il eſt aiſé a voir que c'eſt vn Concile forgé, quand il introduit Diocletian l'Empereur parlant auec S. Marcellin a Rome, & l'induiſant a Idolatrie, veu q; lors Diocletiā eſtoit en Nicomedie ville de Bithinie. Secōdemēt qu'il y a
beau-

Pag. 47

Sigon. de occidentis imperio. li. 1

beaucoup a dire entre le iugement d'vne action manifeste, & d'vn droit debatu ; car St Marcellin estoit accusé d'vne action delaquelle il estoit manifestement coupable. De maniere que les Euesques sçachans que ce Pape ne nioit pas le faict, & qu'il s'en repentoit, luy offrirent de se rapporter au iugemēt qu'il donneroit contre soy mesme. Comme si vn iuge disoit a vn larron pris sur le faict, tu vois que tu es manifestement coulpable, tu sçais la punition ordonnee par la Loy a tels crimes, que penses tu auoir merité ? di hardiment, ie ne veux autre iuge que toy mesme. Certainement ce seroit vne consequence bien agreable a touts malfaicteurs, de conclurre la dessus qu'ils ne deuroyent auoir autres iuges qu'eux mesmes.

 Son second exemple est de Sixte troisieme, *Lequel* (dit il) *estāt accusé d'adultere, vouloit assembler vn Concile soubs l'authorité de l'Empereur, mais on ne voulut & n'osa on oncques cognoistre sa cause, que les Euesques ne fussent touts assemblés, & qu'ils n'eussent sceu du Pape s'il vouloit ou non, qu'on iugeast sa cause.* Ie di que ce nestoit qu'vne grace particuliere, que l'Empereur Valentian luy octroya a raisō de son innocēce. Car le Pape mesme voulut que les autres iugeassent de sa cause.

pag. 48

Mais

Mais il ne s'enfuit pas que chafque Pape en chafque caufe doiue auoir le mefme priuilege: ains pluftoft le contraire. Afçauoir que le Pape Sixte cinquiefme qui ne veut eftre iugé par autruy le doibt eftre, pour ce que Sixte troifieme qui le vouloit eftre ne le fut pas.

Car il n'eft pas befoing de iuger celuy dont l'innocence eft manifefte. Et comme c'eftoit vn figne d'innocence en l'vn de fe fubmettre au iugement : Ainfi en l'autre refufer tout iugement hors-mis le fien, eft vn tefmoignage qu'il fe fent coulpable. Mais ie demande fi ce priuilege donné a Sixte, doibt eftre tiré en confequence, ou non ? S'il dit non, l'exemple n'eft rien a propos. S'il dit ouy, les Catholiques s'y oppoferont. Car Bellarmin confeffe qu'es crimes enormes vn Concile peut eftre affemblé, pour iuger du Pape. Mais par auenture il ne penfe pas q; Sixte fuft accufé d'vn crime enorme. Et c'eft la raifon (comme ie penfe) pourquoy il ne nomme pas fa faute, ains qu'il dit feulement, qu'il fuft accufé d'adultere. Veu q; il fuft accufé d'auoir violé vne religieufe, ce que nous autres bons Catholiques n'appellons pas adultere, ains incefte pour la cōfanguinité fpirituelle qui eft entre vn preftre

Tom. 1
Cont. 4. li. 4.
cap. 9

&

& vne nonain.

Le troisieme exemple est de Symmaché *le consentement duquel* (dit il) *fust demandé pour conuoquer le Concile mesmes auquel il fust accusé.* Les Huguenots ne desireront autre chose, du Pape sinõ qu'il face comme Symmache a faict. Car iacoit qu'il donna son consentement d'assembler le Concile. Toutefois quand il fust assemblé il ne fist pas office de iuge, ains auec toute humilité, se purgea deuant le Concile des crimes a luy imposez.

pag. 48

Le quatriesme exemple est de Leon troisieme. Duquel faict la verité est, que ceux de Rome s'estans fort courroucez contre Leon, a cause que Charlemaigne les auoit contraincts de luy iurer fidelité, luy imposerent par malice plusieurs faux crimes. Mais quand Charlemaigne vint a Rome, pour la crainte qu'ils eurent de luy, ils n'oserent entreprẽdre de prouuer lesdits crimes : ains estans interroguez, ils crierent tous que le siege Apostolique ne pouuoit estre iugé de personne. Lequel cri ne tesmoigne autre chose, sinon que la nature d'vn peuple est de tomber d'vne extremité en l'autre. Voila pourquoy ayants premierement calumnié le Pape par malice, puis aprez pour

pour r'entrer en grace, l'ont flatté de peur. ,,
Oyons ce qui s'ensuit. *Arrius* (dit il) *ne dis-* ,, pag. 48
puta il pas autrefois de la foy auec Alexandre, ,,
& toutefois le dit Alexandre fust iuge au Con- ,,
cile? Au Concile d'Ephese Cirille ne presida il ,,
pas, lequel toutefois estoit l'vne des parties? Au ,,
concile de Calcedoine, qui estoit ce qui præsidoit ,,
sinon le Pape Leon? Veu toutefois que tout le dif- ,,
ferent estoit entre luy & Dioscorus? Ie di que le
different d'Alexandre, Ciril, & Leon, auec
les dits heretiques, ne les touchoit non plus
que touts les autres Euesques de l'Eglise,
mais celuy du Pape est vne querelle particuliere estant question de la dignité de sa personne. Dauantage, Ciril n'estoit pas president pour approuuer & casser les decrets, comme bon luy sembleroit, ains seulement le premier pour l'ordre, & au reste il n'auoit que sa voix particuliere, ou le Pape a sa voix negatiue, pour reietter tout le Concile, voire vniuerselle, pour establir ce qu'il veut sans le Concile. Et quant à Alexandre, il n'estoit ni iuge ni president. Ains vn Euesque priué parmi les autres. Finalement au Concile de Calcedoine. Leon ne s'y trouua aucunement, & Anatolius Euesque de Constantinople y præsidoit.

4 Finalement il conclud que le Pape
peut

peut estre iuge, veu que (ce dit il) *il n'est pas seul iuge, mais a plusieurs compagnons & collegues,* ie respons qu'il a esté seul iuge aux Conciles modernes, & que les autres Euesques n'ont pas esté ses compagnons ains ses vassaux. Car tout ce que les Concile ordonne est nul, sans la confirmation du Pape. (Comme l'abrogation des Conciles de Francfort, de Basle, & de Constance nous en faict foy) dautre part quand le Pape seul faict vne ordonnance sans Concile elle est de mesme poix que les ordonnances du plus sainct Concile qui puisse estré. Car les aduocats du Pape disent qu'il ne scauroit errer en matiere de la foy: quand bien il donneroit son iugement sans l'aduis du Concile, & qu'vn concile peut errer s'il ne le confirme. A quel propos donc luy sont adioincts les autres Euesques pour compagnons, quand il peut faire tout sans eux, & eux ne peuuent rien faire sans luy.

pag. 49

2 Obiection. cap. 12

2 La seconde obiection de l'Apologie Catholique, asçauoir que les Huguenots n'ont pas esté ouis, est premierement (ce dit il) *refutée de ce liure que les Protestans ont intitulée Causa cur Electores. Car ils confessent en iceluy liure qu'ils ont esté appellez a ce Concile, & derechef qu'il se lit en trois endroits*

du

du Concile plusieurs amples saufconduits, par lesquels estoit donnée pleine liberté aux dits Protestants de venir au Concile. Voila en bref sa responce.

A laquelle ie replique premierement, que le liure duquel il faict mention, ne rend pas raison pourquoy ils ne vindrent pas au Concile, mais pourquoy ils iugerent la maniere de proceder au dit Concile, telle que leur venue n'eust de rien serui: mais a quel propos respond il qu'ils y ont esté appellez? l'Apologie ne dit pas qu'ils n'y ont pas esté appellez, ains qu'ils n'y ont pas esté ouis. Car ce n'est pas assez a vn iuge, d'appeller les deux parties deuant luy, s'il ne donne audience qu'a l'vne. Et ainsi est il aduenu au Concile de Trente. Car Brence & autres Theologiens de Sueue, furent enuoyez pas le Duc de Virteberg, mais on ne leur premit pas de disputer quād ils vinderent. Melanchthon aussi & autres Ministres de Saxe estoyent en chemin, mais s'en retournerent estans aduertis par l'Ambassadeur de l'electeur Maurice, qu'ils ne pourroyent estre ouis.

Secondement ie di, qu'encore qu'il leur eust esté premis de disputer & qu'ils eussent esté ouis, toutefois les conditions furent du

G tout

tout iniques, car ils demanderent d'auoir voix decisiue auec les autres du Concile selon la forme du sauf conduit octroyé aux Bohemiens par le Concile de Basle. Mais les peres Trentains n'en voulurent rien accorder, ains refuserent toutes autres voix decisiues, hors-mis des Theologiens Catholiques.

Tiercement les Huguenots ont bien occasion de deffier de leurs saufs conduits. Car Iean Hus auoit sauf conduit de l'Empereur Sigismond, pour venir au Concile de Constance, toutefois y estant venu y fust bruslé.

3 Quant a la troisieme obiection qui est que l'Apostre nous commede d'esprouuer les esprits, s'ils sont de Dieu ou non, il respond *que l'Apostre ne parle pas des choses si certaines & definies en l'Eglise, mais trop bien des nouuelles & ambigues comme sont celles de nos traistres aduersaires*. Tout beau, tout beau, il n'y a personne qui die qu'il faut prouuer vne chose certaine, mais qu'il ne faut pas croire sans preuue que la chose soit certaine: car encores qu'vne chose soit certaine en soy, toutefois si elle ne nous est pas certaine, nous la pourrons bien esprouuer, pource que sans la preuue nous n'en scauons

Obiection 3 cap. 13.

Pag. 51.

ons auoir ceste certitude. Mais il est licite
(ce dit il) d'esprouuer les opinions des Huguenots *dautant qu'elles sont nouuelles & am-* Pag. 51.
bigues. Or donc s'il est licite d'esprouuer les
nouuelles, ie di qu'il est licite aussi d'esprouuer les vielles. Car deux opinions oppo-
sées sont relatiues, tellement que nous ne
sçaurions prouuer que les nouuelles sont
fausses, sans prouuer quant & quant que
les vielles sont veritables, & quant a l'am-
biguité de la doctrine des Huguenots. Ie di
que si elle est ambigue elle n'est pas certainement fausse, & si leur doctrine n'est pas
certainement fausse, celle des Catholiques
n'est pas certainemét veritable, & par consequent (selon le iugement mesme de nostre aduersaire) il est licite de l'esprouuer.
Mais voyons les raisons pourquoy il conclud qu'il n'est pas licite d'esprouuer l'esprit
du Concile.

1 *Premierement* (dit il) *s'il les failloit touts*
esprouuer, il nous seroit par ce moyen loisible, d'e-
sprouuer l'esprit du Concile de Nice, Constanti-
nople, Ephese, & Calcedoine, & s'ensuiuroit,
de cela qu'il faudroit derechef reuoquer les Pag. 52.
haresies impies d'Arrius, Macedonius, Nesto-
rius, Eutiche: il faudroit derechef prouuer mes-
mes l'Escripture sancte, les oracles des Prophe-
tes,

« tes, l'histoire de Moyse, & finalement le S. E-
« uangile, & a la fin il conclud, que *si les choses
« qui sont vne fois approuuées & ordonnées par
« les Saincts Conciles, doiuent estre tenues pour
« certaines, il n'y a nulle raison de souffrir que les
« decrets du Concile de Trente soyent reuoquez en
« doubte.*

Ie respon qu'il faut tenir les decrets des premiers conciles certains, & toutefois quil' est licite de reuoquer en doubte les ordonnances du Concile de Trente, dont on sçauroit alleguer plusieurs raisons. Neantmoins pour ceste fois ceste ci suffira, c'est qu'en chasque Concile il faut deliberer & mesurer, auant que iuger, & le iugement du Concile qui a mesuré droictement, & iugé selon la droite mesure, ne doibt estre reuoqué en doubte. Or pour sçauoir si on a bien mesuré, il faut considerer la reigle, & la maniere de mesurer par icelle.

Or les Huguenots diront que la reigle par laquelle le Concile de Nice a mesuré estoit seulement l'Escripture ou la parole escripte, Cōme teismoignēt les paroles de Constantin. *Toute contention seditieuse mise*

Theod. lib. *a part, debatons les choses controuerses par tes-*
10. cap. 70. *moignage des Escriptures diuinement inspirées.*

La maniere de mesurer, estoit d'appliquer

quer la doctrine a la dite reigle ou efcripture, & de la receuoir ou reietter felon qu'elle eftoit conforme, ou contreuenante a la dicte reigle. Or le Concile de Trente a failli (diront les Huguenots) en toutes ces circonftances.

Car premierement il a iugé auant que mefurer dautant que auant que venir au Concile chafcun s'eftoit ia propofé de condemner les Huguenots.

Secondement en examinant & mefurant les queftions, il n'a pas mefuré par la parole efcripte feulement, ains auffi par les traditions, côme il fuft ordonné a la quatriefme feffion dudit Concile, tellement qu'il mefuroit quelquefois fans reigle, ou bien auec vne reigle contraire a celle du Concile de Nice.

Tiercement quand bien il euft mefuré par la vraye reigle toutefois il n'appliquoit pas la doctrine a la reigle, ains pluftoft plioit la reigle pour l'accômoder a la doctrine c'eft a dire, deftournoit l'Efcripture par vne interpretation violente a fon opinion, car en la mefme quatriefme feffion, fuft ordonné qu'on ne pourroit dôner autre interpretation, que celle qui s'accorderoit auec la doctrine de l'Eglife Romaine, de maniere

G 3 qu'au

qu'au lieu de mesurer leur doctrine par la reigle, ils ont mesuré la reigle par leur doctrine.

2 Raison.
Pag. 52.

2 Mais il dit dauantage contre l'espreuue des esprits, que *s'il falloit prouuer tout, il fauldroit reuocquer en doubte les liures mesmes de l'escripture*. Ie respons que non, & que mesmes il ne s'ensuit pas, qu'il fauldroit reuocquer en doubte les liures approuuez des anciens conciles, d'autant qu'on reiette quelques vns approuuez par le cócile de Trente veu que le iugement dudit concile en ce point est suspect aux Catholiques mesmes, Car Sixtus Senensis, vn grand Catholique voire depuis le Concile de Trente a reietté comme Apocryphes les 7. derniers chapitres d'Ester, que le Concile de Trente a approué, ce qu'il n'eust iamais faict, s'il eust estimé, estre chose illicite d'esprouuer l'Esprit dudit Concile.

3 Raison.
Pag. 52.

3 Tiercement il dit si *les choses ia iugées & definies pourroyent estre remises en question quelle fin y auroit il es controuerses?* Ie respons que la raison n'est pas suffisante pour empescher l'espreuue des Conciles, d'autant que par ce moyen nous mettons fin aux controuerses. Car il ne suffit pas d'y mettre fin, sans estre asseuré que la fin en soit bonne,

ne, & les Arrians aussi nous eussent peu persuader, de nous arrester au iugement de leur concile d'Ariminum, pour mettre fin aux controuerses. A quoy nostre aduersaire ne sçauroit donner autre responce, sinon que leur concile n'estoit pas legittime, & que le Concile de Trente l'estoit. Or donc ie di que s'il ne faut pas esprouuer les arrests d'vn Concile, pour le moins il faut esprouuer si le concile est legittime ou non. Or pour ceste fois nous ne demandons rien dauantage. Et cela en despit de qui que ce soit, doibt estre accordé. Car s'il falloit simplement s'arrester sur l'authorite des Conciles communement estimez legittimes par nos pasteurs, sans nous enquerir dauantage, il n'y a raison aucune pourquoy les Grecs croyroyent plustost le 2. Concile de Nice, qui a approuué les images que celuy de Cõstantinople assẽblé de 300. de leurs propres Euesques qui les a cõdẽné.

La quatriesme raison pourquoy il oste la liberte au peuple d'esprouuer la doctrine est tirée du 17. chap. du Deuterenome ou il est commandé de s'enquerir des Prebtres & Leuites & au iuge ordonne pour lors, des questions difficiles. Et *Moyse* (dit nostre aduersaire) *n'adiouste pas, esprouuez les*

4. Raison.

esprits

esprits des iuges & des Prestres, ains si quel-
quun s'enorguellit ne voulant pas obeir au
commandement du Prestre qu'il meure par la
sentence du iuge. Et n'est dissemblable ce que
nostre Dieu dit en son Euangile selon S. Mat-
thieu 23. les Scribes & Pharisiens, sont assis
en la chaire de Moyse faictes & gardez tout
ce qu'ils vous diront. Quant au commandement de Moyse, il fust donné aux Iuifs, dont Rabbi Selomo conclud qu'il faut croire, tout ce que les Prebtres des Iuifs disent, or veu que leur prestres interpretent les propheties de Christ autrement que les Chrestiens, vn Iuif dira que Christ n'est pas venu, par ce que leurs prestres le nient: & selon que nostre aduersaire dit, *il ne faut pas esprouuer l'Esprit de leurs Prestres.* Ie demande donc quelle responce il donnera aux Iuifs, & ie luy donneray la mesme, ascauoir que ces paroles sont adioustées au passage, *Selon la Loy:* c'est a dire qu'il leur faut <u>obeir entant, que leurs commendemens s'accordent auec la Loy,</u> ce que nous ne pouuons scauoir sans les esprouuer, de maniere que nostre aduersaire aura son chois ou bien de confesser qu'il ne nous est pas defédu par ce passage desprouuer l'esprit des Prestres, ou bien de se confesser

Pag. 53.

R. Selom. Iarchi in Deut. 17.

feſſer ſoy meſme eſtre Iuif.

5 Au paſſage de Sainct Matthieu, dautant qu'il dit qu'il n'eſt pas diſſemblable, la reſponſe auſsi ſera ſemblable. Car noſtre Seigneur n'a pas ſimplement commendé d'obeir aux Phariſiés en toutes choſes mais de n'eſtre pas tellement ſcandaliſez par leur vie, que nous refuſons de leur obeir quand ils diſent bien. Car s'il failloit ſimplement adiouſter foy a leurs paroles ſans preuue. Pourquoy croirons nous que Ieſus Chriſt eſt le fils de Dieu? quand le ſouuerain Sacrificateur diſoit, qu'il auoit blaſphemé, en s'appelant ainſi.

5. Raiſon

Math. 27

6 Sa derniere raiſon eſt tirée du Concile des Apoſtrez, Acts. 15. *il a pleu au S. Eſprit & a nous.* Dont il conclud, que l'Eſprit de Dieu eſt ſi infailliblement attaché a vn concile legittime, que nous ne deuons reuocquer en doubte les ordonnances, d'iceluy & *S. Paul meſme* (dit noſtre Aduerſaire) *ne volut point eſprouuer les enſeignemens du Concile des Apoſtres, Ains comme dit Sainct Luc. Act. 16. il Leur donna a garder ce qui auoit eſté decreté par les Apoſtres & anciens de Ieruſalem.* Ie demanderoy volontiers d'vn de nos docteurs Catholiques, a quel propos il y a tant de diſputes, & conſultatiős en nos

6. Raiſon

Pag. 53.

pag. 54

Con-

Conciles, si le Sainct Esprit les guide infailliblement: sa responce sera, que la prouidence ordinaire de Dieu est telle, qu'il leur asiste par son Esprit, quand ils vsent de leur part de la diligence qu'il appartiét, & non autremét. Comme il ne rend point la terre fertile, sinon quand le laboureur l'a cultiuée, & y a semé le bled, vsant de l'industrie qu'il doibt. Ce qui mesme est euident par ce passage, ascauoir que les Apostres ont vsé de l'industrie & des moyens conuenables pour resouldre les doubtes proposées. Veu qu'il est dit, *qu'aprés longue dispute Pierre se leua*. Dont on peut conclurre, que l'Esprit n'est que conditionellement promis a vn Concile, ascauoir quand le dit Concile de sa part vse d'industrie & de moyens pour espulcher la verité, & qu'il peut estre destitué de l'Esprit de Dieu, s'il ne se sert des dits moyens: de maniere qu'encores que nous ne deuions pas esprouuer les decrets d'vn Concile qui a tenu ces moyens, toutefois nous pouuons bien espouuer s'il a tenu ces moyens ou non. Car autrement nous ne pouuons estre asseurez que l'Esprit de Dieu l'ait accompagné. Ie scay bien que les Huguenots demanderont autre preuue, non seulement des moyens de proceder, mais aussi des articles

ticles conclus. Mais afin que les Huguenots n'ayent double auantage sur nous, nous ferons bien premierement de monstrer, que le Concile de Trente a tenu ces iustes moyens, & alors nous n'aurons qu'vne chose a faire, ascauoir de iustifier les articles, qui sont si difficiles a prouuer, qu'on fera tressagement de differer tant qu'on peut, & de vuider touts autres differentes deuant.

CHAP. V.
Que le Concile de Trente, n'a pas encores esté receu en France.

Omme les Roix de Fráce ne doibuent rien auoir en plus grande recommendation que d'estre heritiers de la vertu de leurs predecesseurs, aussi ne doibuent ils estre plus soigneux d'aucune chose, q; d'euiter les occasions qui leur pourroyét oster la reputatiō de ceste vertu, & monstrer, qu'ils soyent moindres en zele & pieté que leurs ancestres. Lesquels (cōme
cha-

chacun scait) ont toufiours esté estimés fils, aisnez de l'Eglise, & principaux appuis du siege Apostolique, & pour ceste cause ont receu plus de priuileges & plus d'honneurs a cause de ce zele, qu'aucun autre prince de la Chrestienté. Or veu que le Concile de Trente a establi tant de decrets, directement contre lesdits priuileges, & dignitez, qu'a il faict autre chose, que publier au monde que les rois de present ont moins de zele q; les anciens, & sont indignes des honneurs qui leur ont esté attribuez. Tellement que nos derniers rois ont reietté le dit Concile, dautant qu'ils ne le pouuoient approuuer sans se reprouuer soy mesmes, ni le publier sans publier au monde vne confession honteuse, de leurs demerites. Or pour venir au point, ie m'arresteray seulement aux obiections de l'Apologie Catholique, que nostre aduersaire refute, lesquelles sont trois asçauoir.

Que les Rois de France ont toufiours reietté le dit Concile.

Qu'il a reuocqué en doubte la preseance & premier Rang qui appartient a nos Roix en toutes assemblées.

Qu'il y a plusieurs decrets du dit concile directement, contre la liberté de l'Eglise Galli.

Gallicane, & la maiesté du Roy.

Quant au premier point, qu'il n'a pas esté receu de nos Roix, il respond en general: *que ceste obiection, ne blesse pas tant le concile, qu'elle est contumelieuse enuers nos Roix de France. car que tasche il autre chose* (dit il) *sinõ de persuader a vn chacun, que nos Roix ont esté scismatiques, & desobeissants a l'Eglise vniuerselle.* Ie respons que ce n'est pas chose nouuelle aux Roix de France de s'opposer aux Conciles de l'Eglise Romaine. Veu que non seulemét le Concile de Trente, a esté reietté du Roy Henry 2. & de touts ses enfans qui ont esté Rois aprez luy. Mais le general Concile de Vienne aussi n'a iamais esté entierement receu en France. Et comme le Roy Henry 2. a defendu a ses Euesques de se trouuer au Concile de Trente. Ainsi le Roy Charles septieme ne voulut que les siens se trouuassent a celuy de Basle, toutefois il na pas esté (comme nostre aduersaire voudroit conclurre) scismatique ni desobeissant a l'Eglise vniuerselle. Mais voyons comme il prouue, que le Concile de Trente est receu de nos Rois. *Il y a encores des lettres* (dit il) *de Charles 9. par lesquelles il honore & reuere le dit Concile.* Nostre aduersaire mesme en la mesme page, pour souldre ceste obiection que le Roy

Obiection.
cap. 9.
pag. 42

Raison.
pag. 43

Roy Henry 2. a defendu a ses Euesques d'aller a ce Concile, n'a autre response sinon,

pag. 43 ,, qu'il n'est pas necessaire de rechercher si curieuse-
,, mēt ce q; Henry auroit faict du cōmencement, car
,, l'admission ou reception d'vn Concile (dit il) *ne*
,, *doibt pas estre prise du commencement, mais trop*
bien de la fin : selon laquelle regle ie respon aussi, que les lettres de Charles neufuieme, qu'il enuoya deuant que le Concile fust cōclu ne prouuent pas qu'il l'ait approuué, dautant qu'il a refusé de le receuoir, quand il fust fini. Car si la reiection d'iceluy par Henry second deuant la fin, ne prouue pas qu'il l'ait reiecté, l'honneur q; Charles neufuieme luy a faict aussi deuant la fin ne prouue pas qu'il l'ait receu.

Secondement, *le Roy* (dit il) *a rendu rai-*
2 *son pourquoy les Euesques de France, ne vindrēt*
Raison. *plustost au Concile.* Lequel est le plus plaisant
pag. 43. argument que i'aye iamais ouy. Car si c'est vne raison suffisante de prouuer que le Roy ait receu le Concile d'autant qu'il a rendu raison de l'absence de ses Euesques, les Princes Protestants d'Allemaigne l'ont aussi receu : car ils ont escrit vn liure entier, des raisons qui les ont esmeus de s'en absenter.

3   Tiercement *Le Roy* (dit il) *enuoya a son o-*
rateur

rateur & Ambassadeur qui au nom de sa maiesté Raison.
fust aussi au Concile, le Sieur de Lansac, Che- pag. 43
ualier de son ordre, auquel il donna pour adioinct
Ranauld Ferrier President au Parlement, &
Guy de Faur Iuge maieur de Thoulouse. Belle
preuue certainement, de prouuer que le
Roy a confirmé le Concile d'autant qu'il y
enuoya son Ambassadeur. Come si les E-
lecteurs d'Allemaigne de la Confession
d'Ausbourg ny auoyent aussi enuoyé les
leurs. En quoy donc consiste la force de
son argument ? En ce que Monsieur de
Lansac estoit cheualier de l'ordre ? ou
bien qu'il estoit accompagné de Monsieur
du Ferrier, & de Pibrac ? Car ie ne puis
apperceuoir autre sens en ces paroles, ny
autre preuue de la reception du Concile. Et
de faict il n'y en a aucune autre. Car le
Roy n'y enuoya pas ses Ambassadeurs pour
confirmer le Concile, ains pour l'admo-
nester de reformer l'Eglise. Et donna expressément charge a ses Ambassadeurs de solliciter les Peres a n'arrester
rien contre les Huguenots iusques a ce
qu'il ayent premierement reformé les abus
en la police Ecclesiastique. Et en cas
que cela ne se fist de protester contre ledit
Concile. Comme il appert pas les lettres

tres mesmes du Roy enuoyeés a Monsieur du Ferrier. Voyci le sommaire du mandement du Roy, & des Harangues des Sieurs du Ferrier & de Pibrac, au Concile : Tous deux au nom du Roy & principalement le Seigneur du Ferrier, requerants par plusieurs fois, la reformatiō des abus de l'Eglise. Lesquelles exhortations dautant que le cōcile de Trenté a reietté, ils ont (selon le mandement du Roy) reiette le Concile & ne le voulurent pas signer, ny le Roy aprez receuoir, n'y la Cour de Parlement iamais publier, non pas mesme aprés la S. Barthelemi, lors que le temps sembloit plus propre a fauoriser toute chose preiudiciable aux Huguenots.

4. Raison.

Mais pour le moins les Euesques l'ont approuué. *Car comme on liseit* (dit il) *en la dernière session les Actes d'icelle, les Euesques y estoyent & donnerent leurs voix & suffrages.*

pag. 53

Ie respons premierement que tant s'en faut, que le consentement de ces Euesques confirme ce Concile qu'au contraire il decouure l'iniuste procedure d'iceluy. Car lesdits Euesques qui donnerent leurs voix & suffrages en ceste derniere session, donnerent leur sentence deliberatiue sur les matieres

matieres qui auoyent este traictées aux sessions præcedentes soubs Paul 3. & Iule 3. auant que les dits Euesques vinssent au côcile. Chose contraire au droit ciuil, a l'equité mesmes & a la coustume de touts parlements, sieges præsidiaux, & autres iugemens, qui se font en corps de plusieurs iuges, ou ceux qui ne se trouuët tout au long, ne sont pas receus a opiner.

Secondement il ne s'ensuit pas que les Euesques ayent approuué le Concile, dautant qu'ils ont donné leur consentemēt aux articles d'iceluy. Car il y a beaucoup a dire entre ceux qui s'accordent en opinion auec les decrets d'vn concile, & ceux qui tiennēt ceste opinion, dautant que le Concile l'a decreté. Car nostre aduersaire s'accorde en opinion auec le diable, qu'il est escrit que Dieu auoit donné a ses Anges charge sur de nostre Seigneur Iesus Christ, toutefois ie pense qu'il ne le croit pas dautant que le Diable l'a dit. Dauantage, quand ils donnerent leur consentement aux dits articles le concile n'estoit pas encores confirmé par le Pape. Or c'est l'opinion de nostre aduersaire, qu'vn concile est nul s'il n'est confirmé par le Pape, de laquelle raison il se sert contre le Concile de Basle, *c'est vne reigle*

H

Pag. 104. "*gle tresnotoire* (dit il) *que les Conciles ne peuuent estre receus sans l'authorité du Pape.* Dont il s'ensuit que ceux qui donnoient leur consentement aux dits articles tenoient encore le Concile pour nul, quand ils donnoyent leur consentement. De maniere qu'on ne sçauroit prouuer par les suffrages qu'ils ont donné aux articles, qu'ils ont receu le concile.

2 Obiection.

A la seconde obiection touchant la preseance du Roy tres-Chrestien, il respond en bref ainsi. *Que tant s'en faut que le Concile*

Pag. 45. "*aye tasché, de diminuer l'authorité du Roy, qu'au*
"*contraire par le consentement de touts, l'Ambas-*
"*sadeur du Roy fust assis immediatement aprez*
"*celuy de l'Empereur. Mais celuy d'Espaigne*
"*outre son ordre en vn autre lieu, afin que s'il ad-*
"*uenoit, que quelqu'vn fust assis hors de son lieu,*
"*cela ne luy peust pourtant apporter aucun preiudice.* Il ne deuoit pas dire que le Concile auoit mis l'Ambassadeur du Roy aprez ce celuy de l'Empereur, mais seulement que le Concile ne l'auoit pas demis du dit lieu. Car en la 22. session, les Ambassedeurs du Roy, Monsieur du Ferrier, & de Bibrac, se deffians de l'affection de ceux du Concile, entrerét de bonne heure pour pendre leur seance, de maniere que le Conte de Lune
Ambas-

Ambassadeur du Roy d'Espaigne fist vne protestation deuant les peres, qu'on auoit occupé sa place. Dont Monsieur de Pibrac requeroit que la dite protestation ne peut preiudicier a la Prærogatiue du Roy, les Ambassadeurs duquel auoyent tousiours tenu le premiere rãg aprez ceux de l'Empereur: comme ils eurent aux Conciles de Constance & de Latran. Mais le Concile n'en voulust rien faire: & encores qu'il n'ostast pas la place, aux Ambassedeurs du Roy, dautant qu'ils l'auoyent desia occuppée: toutefois nostre aduersaire confesse qu'il ne voulut pas declarer q; ceste seance leur apperteint. Car premieremét il dit, *que l'Ambassedeur d'Espaigne estoit mis hors de son* [Page. 45.] *rang: secondement que le Concile ne vouloit pas si aucun estoit assis hors de son lieu, que cela luy peut engendrer aucun preiudice.* Ce qui n'est autre chose que declarer, que le rang qu'ils auoyent permis auz Ambassedeurs du Roy de tenir pour ceste fois la, afin d'euiter contention, d'autant qu'ils s'y estoient desia mis contre la volonté des Peres ne deuoit estre preiudiciable au droit qu'ils pensoyent appartenir au Roy d'Espaigne.

Secondement posant le cas que le Concile eust esté si equitable qu'il dit. Ie di toutefois,

H 2

tefois, qu'il auoit tort en refusant de iuger ouertement en la cause du Roy. Car on ne peut nier de prime face vne chose manifeste Mais il faut y proceder peu a peu. Dont le premier degré est de la reuoquer en doubte: n'y reuocque on volontiers vne chose manifeste en doubte sans intention de la nier aprez. De maniere, qu'il est aisé a voir que le Concile, mettant <u>ia præseance du Roy en question</u>, & constituant le Roy d'Espaigne en pareil degré que luy, pensoit au Concile suiuant le mettre au dessus.

Finalemét encores que le Concile n'eust pas eu ceste intention ains seulemét de porter egal respect a l'vn & a l'autre : toutfois le tort demeure, nestant pas chose moins iniurieuse, de faire l'interieur egal au superieur, que de faire l'egal superieur a l'egal.

3 *Reste maentenant* (dit nostre aduersaire) *la derniere obiection ascauoir que le Concile de Trente auroit decreté plusieurs choses contre la liberté du Royaume de France, & que pour ceste cause il n'y est pas receu. Mais ceste obiection ne faict rien a la chose, car nous n'agissons pas seulement de la iurisdiction Ecclesiastique, mais de la foy et religion, parquoy encores que les decrets du Concile touchant la reformation,*

3
Obiection.
cap. 14.

Pag. 54.
& 55.

ne

ne soyent point receus en France. Toutefois les decrets qui traictent de la foy le sont.

Nostre aduersaire ne scauroit nier que le Concile de Trente n'ait decreté contre la liberté de la France, seulement il respond que cela n'empesche pas que les autres articles touchant la foy ne soyent receus: *ceste obiection ne faict rien a propos* (dit il) *car nous n'agissons pas de la iurisdiction Ecclesiastique, mais de la foy & religion.* Et moy ie di, que ceste response n'est rien a propos, car nous ne parlons pas des decrets touchant la reformatiõ ny touchãt la foy, ains de l'authorité de celuy qui les a decreté. C'est a dire si la France, tient que le iugemẽt du Concile de Trente, soit vn arrest sans appel, & s'il croit les articles esquels il s'accorde auec le cõcile, pour ce que le Cõcile les a decretez.

Or on ne scauroit prouuer que celuy qui croit vne chose qu'vn autre luy auroit dit, l'ait creu sur le credit du rapporteur, sãs qu'il croye que le dit rapporteur ne voudroit iamais mentir, & qu'il luy adiouste foy en toutes choses. Mais la France ne se fie pas au Concile de Trente en toutes choses. Car nostre aduersaire mesme confesse quelle reiette les decrets touchant la reformation, dont il s'ensuit qu'encore que la Frãce s'accorde,

corde, en opinion auec le Concile, touchāt les decrets qui appartiennent a la foy, toutefois qu'elle ne tient pas ceste opiniō, pour l'authorité du Concile mais pour quelque autre respect. Autrement il pourroit conclurre que les Huguenots reçoiuent le dit Concile, dautant qu'ils croyent plusieurs articles d'iceluy, qui sont contre les Anabaptistes & autres hæretiques de nostre temps. Car comme ils reiettent l'authorité du cōcile en ceste partie mesme de laquelle ils recoyuent les articles, nous pouuons par mesme raison reietter tout le Concile & embrasser touts les articles. Car il y a mesme respect des articles d'une partie a l'authorité d'icelle, que les articles du tout a l'anthorite du tout. Mais voyons comme il conclud que ce Concile est receu en France. *Nostre aduersaire mesme confesse (dit il) que le Cōcile est receu des Euesques: mais qui est ce qui se voudroit persuader que les Euesques eussent autre foy & religion que le Roy auoit, & tout le peuple Catholique. Car comment pourroit le Roy estre appellé Treschrestien, s'il estoit contraire, en la foy aux Euesques. Et le peuple pourquoy seroit il dit les ouailles du Seigneur s'il ne recognoissoit aucuns pasteurs.*

Voyci en bref sa raison, les Euesques ont receu

Page. 55.

receu le Concile, le Roy & le peuple ont creu les Euesques, dont il conclud ainsi, *que le concile a esté receu du Roy, des Euesques, du clergé & pareillement de tout le peuple de France.* Pag. 55.

I'ay desia monstré qu'il n'a pas encores prouué, que les Euesques qui estoyent lors, l'ayent receu, & quant aux Euesques & clergé d'Auiourdhuy, bien que plusieurs ayent tasché pour l'aduancement de la Saincte Ligue, de faire receuoir ledit Concile, toutefois le Roy & peuple, le peuuent reietter & ne l'aisser pour cela d'estre de mesme foy qu'eux, d'autant que l'approbation dudit Concile n'est pas artilce de foy. Car le Concile d'Ephese a defendu expressemét de n'adiouster autre article a la foy q ceux qui estoient alors receus, au nóbre desquels la reception du Concile de Trête n'est pas. Mais s'ils ne sont pas de la mesme foy, quel danger y a il? *Le Roy* (dit il) *ne sera pas Treschorestien, ni le peuple les ouailles de Christ.* Pag. 56.

Or pour le roy, dautant que ceste raison est seulement tireé de son tiltre, ie di que quand le Roy seroit le plus grand heretique du monde, il ne pourroit estre priué de ce tiltre, Henry Huictieme Roy d'Angleterre receut le tiltre de defenseur de la foy, de

H 4 Leon

Leon 10, pour auoit escrit contre Luther, & neantmoins le Roy Edouard 6. & la Royne a present qui ont changé la religion pour la defence de laquelle il receut ce tiltre, retiennent tousiours ce tiltre. Et a bon droit: Car les tiltres sont personels, & propres seulement aux premiers de la race qui les recoiuent, comme Catholique a Ferdinād Roy d'Arragon, Defenseur de la foy a Henry 8. d'Angleterre, mais appartient a leurs successeurs seulement, comme ornements adioincts a leur estat. Tellemēt que ce n'est pas Philippe d'Austriche qui est catholique en ce sens là, mais le Roy d'Espaigne. Car considerant les Roix selon leur religion, le Roy de France peut estre aussi bon Catholique q; le Roy d'Espaigne, & le Roy d'Espaigne aussi bon Chrestien que le Roy de France, & toutefois le tiltre de Chrestien appartient seulement a l'vn, & de Catholique a l'autre.

Mais sur tout, ceste raison est mal appliquée au Roy de France, car Chrestien n'est pas vn tiltre pour distinguer, vn Chrestien d'auec l'autre, mais pour les distinguer touts d'auec les payens: & ainsi a esté donné au Roy de France, comme au premier Prince d'Europe qui a reietté la foy payéne, & qui a plus a plus combattu contre les Sarrasins, ennemis du nom de Christ. Vray est que ce tiltre le deuroit esmouuoir, a aymer la doctrine qui est la meilleure. Mais dautant qu'on n'est pas encores d'accord laquelle des deux est meilleure, il ne faut pas prouuer vne doubte par vne autre. Car les Huguenots peuuent aussi bien vser de ceste raison pour persuader le Roy de reformer l'Eglise, que les Catholiques, pour l'esmouuoir de defendre la religion Romaine. Mais il n'y a rien que le Roy sçauroit faire plus digne de ce tiltre q; de faire l'vn & l'autre, cest a dire de maintenir l'Eglise Romaine & de la reformer. Et n'y a nulle contradiction en ces deux choses, car il n'y a meilleur moyen de faire que le fer soit de longue durée, que d'oster la rouillure: ny de maintenir l'Eglise Romaine, que de reformer ses abus. Mais pour donner ordre qu'on n'oste pas du fer, au lieu de la rouillure, & qu'il soit neantmoins bien nettoyé, il n'y a point de meilleur moyen que de faire tout au contraire de ce que nostre aduersaire dit, cest, de laisser dormir le Concile de Trente, & d'en assembler vn autre: ou toutes les deux parties auront audience indifferente, au moyen dequoy, s'il a quelque corruption en l'Eglise Romaine au la

pou-

pourroit voir, pour la purger, & s'il y a de l'erreur en la doctrine des Huguenots, ils pourroyent estre conuaincus, & instruicts, en meilleure foy. Ce sera le moyen de nous reunir touts a vne foy ce sera vne action vrayement digne d'vn Roy Treschrestien.

3. Mais venons au peuple, *comme sera il* (dit il) *les ouailles de Christ s'il ne recognoist aucuns pasteurs ?* Ie respons, qu'ils peuuent bien recognoistre des Pasteurs sans croire iustement comme les pasteurs de leur pais, car on n'est pas tenu de bastir sa foy, sinon sur vn fondement infaillible. Mais les Catholiques mesmes confessent que tous les Euesques d'vn pais peuuent errer en la foy. Tellement que le peuple n'est pas tousiours tenu de fonder sa foy sur celle de ses Euesques : & par consequent peult auoir vne autre foy, & toutefois estre les ouailles de Iesus Christ, & de faict nostre Seigneur n'appelle pas ceux la ses brebis, qui escoutent les Euesques : mais qui escoutent sa voix, asçauoir la parole de Dieu.

Voyons maintenant sa conclusion & *ainsi* (dit il) *le concile est honoré du Roy, des Euesques, du Clergé & pareillement de tout le peuple de France.* Qu'il soit ainsi : il ne s'ensuit pas pour cela qu'il soit receu en France ; sinon qu'il qu'il monstre que touts les estats le recoiuent, asçauoir l'Eglise, la noblesse, & le peuple : Mais il ne faict aucune mention de la noblesse. Ains seulement de l'Eglise, & du tiers estat, tellement que pour le plus il n'est receu que de deux estats : a raison de quoy nostre aduersaire, pour suppléer au nombre fend l'Eglise en deux parties, asçauoir es Euesques, & au clergé. *Le Concile (dit il) est receu des Euesques, du clergé & pareillement* Pag. 56 *de tout le peuple de France.* Diuision nouuelle des estats, doint ie m'asseure on n'a iamais ouy parler par ci deuant. Iugeõs donc quelle iuste occasiõ la noblesse de France a maintenant de reietter le concile, quand ceux vouloyent faire receuoir le Concile, reiectent le la noblesse.

CHAP. VI.

Que les Huguenots peuuent a bon droict estre reputez membres de l'Eglise Catholique Apostolique & Romaine.

CE chapitre de prime face, semble estre de mesme argument que le premier, car ayant la prouué, que les Huguenots sont de mesme religion que nous, il s'ensuit aussi qu'ils sont de mesme Eglise. Toutefois il me semble qu'on peut distinguer ces deux chapitres, non pas au regard de la difference qu'il y a en la nature de la chose, mais en l'humeur des hommes. Car ordinairement quand vn Huguenot veult indiure vn Catholique a son opinion, il commence tousiours par les particulieres controuerses, & ainsi par la pureté de sa doctrine, conclud da verité de son Eglise. Vn Catholique au contraire quand il veut gaigner vn Huguenot, il cōmence par l'Eglise. Par la verité de l'Eglise, concluant la pureté de sa doctrine. Et pour la plus part si on meine l'vn ou l'autre hors de ce train, il demeure court. Ce qui est vne des raisons pour lesquelles ils ne peuuent satisfaire a la partie aduerse. Car celuy qui doibt persuader vn autre, ne doibt pas commencer par le fondement qui luy semble estre le meilleur, bien q; le faict il le soit, mais par celuy qui est meilleur, selon l'imagination, de celuy qu'il veut persuader. Autrement son trauail sera tousiours inutile.

Car quand vn Huguenot aura allegué mille passages, de la saincte escripture, pour prouuer la verité des points particuliers, il n'auancera en rien. Et pourquoy? Dautant qu'vn Catholique dira incontinent a part soy: encores que ie ne luy puisse respondre, vn autre le peut faire. Et si ie ne doibs rien croire, que ce que ie puis defendre par dispute, ie ne doibs pas croire la procession du Sainct Esprit, l'vnion des deux natures en Iesus Christ, & les mysteres de sa saincte Trinite, lesquels i'ay creu sans les pouuoir defendre, & sans mesmes les entendre. Et ainsi l'authorité de la mesme Eglise, qui me faict croire ces mysteres sans les pouuoir defendre, me faict croire aussi le Sainct Sacrement de l'autel, le Purgatoire, &c. sans les pouuoir defendre. De maniere que si vn Huguenot ne passe plus outre, & ne rend raison cōme on se peut asseurer de ces mysteres, sans l'authorité de l'Eglise, ou bien (ce que ie trouue plus raisonnable) pourquoy il
se

se faut entierement fier au iugement de l'Eglise en vn point, & non pas l'autre, il ne dira iamais chose a propos. Ny les Catholiques n'auront gueres meilleure issue de leurs persuasions. Car quand ils parlent aux Huguenots de l'Eglise, comment l'Eglise dit cela, & comme elle ne peut errer, eux qui ne sont pas accoustumez a telles manieres de parler, & bastissent leur foy sur ceste persuasion que l'Escriture est clairement de leur costé: que nous soucions nous (diront ils) de ce que l'Eglise dit, moyennant que nostre opinion accorde auec la parole de Dieu. Tellement qu'vn Catholique ne leur pourra iamais rien persuader, s'il ne commence par leur fondement, & prouue que l'escriture ne fait pas si clairement pour eux comme ils pensent: & alors quand ils verront qu'ils ne peuuent conuaincre les Catholiques par l'Escriture ils seront forcez de confesser qu'on ne peut auoir aucune asseurance, en la foy, sans assubiettir son iugemét au iugement de l'Eglise, laquelle (comme nous disons) selon la promesse de Christ est infailliblement accompagnée de son Esprit. Or quant a moy, combien que mon but ne soit pas, d'indiure aucun a l'vne on a l'autre religion, ains de moderer les passions des hommes.

hommes. Toutefois de peur de faire la mesme faute en ceste pacification, qu'ils font ordinairement en la procedure de leurs persuasions, i'ay pensé d'adiouster ce chapitre, afin que mes raisons soyent tirées du fondement de l'vne, & de l'autre religion, & ainsi ayant au premier chapitre, prouué par l'examination des questions particulieres selon la methode des Huguenots, qu'ils ne sont pas heretiques, i'ay voulu aussi en adioustant ce chapitre, prouuer selon la procedeure des Catholiques, c'est a dire selon la nature de l'Eglise, qu'ils ne sont pas heretiques. Car i'auroy beau dire a plusieurs Catholiques qu'ils tiennent les principaux points de la foy, comme nous, veu qu'ils ne mesurent pas vn heretique par ses opinions, ains seulement par ceste marque qu'il est hors de l'Eglise, & n'entendent autre Eglise que celle que nous appellons, Eglise Catholique, Apostolique, & Romaine : & estiment tous ceux hors de ceste Eglise, a qui ce trois tiltres ne sont pas donnez, quelques opinions qu'ils ayent. Voilà pourquoy i'ay proposé de prouuer, que ces trois tiltres appartiennement aux Huguenots.

1. Et premierement, touchant le tiltre de Catholique, l'Eglise est dite Catholique Catholique
pour

pour trois regards, 1. *Au regard de soy.* 2. *Au regard des Iuifs.* 3. *Au regard des heretiques.*

<small>1 Comme l'eglise est dite Catholique au regard de soy.</small>

Or l'Eglise est dite Catholique, pour le regard de soy, d'autant quelle est si vniuerselle, quelle comprend touts temps & touts lieux. Asçauoir le nombre vniuersel des esleus, tant de ceux qui ont esté depuis le cōmencement du monde, & maintenant sont trespassez & triumphent au ciel, iouissans des ioyez eternelles, que de ceux qui sont ordonnez a pareille felicité, soit qu'ils soyent desia nez, ou a naistre. Laquelle definition est fondée sur l'Escripture. Car Sainct Paul

<small>Heb. 12. 23.</small> dit, *L'Eglise de premiers nez qui sont escrits au ciel.* Et qui sont escrits au ciel que les esleus? d'auec lesquels, les reprouuez sont en ce point separez, asç. *que leurs noms (comme dit Sainct Iean) ne sont pas escrits au liure de*

<small>Apoc. 13. 8.</small> *l'Agneau.* Or donc l'Eglise cōsiste des esleus: lesquels ne sont pas attachez a vn lieu, ou a vn temps. Car Iesus Christ les a rachetez

<small>Apoc. 5. 9.</small> par son sang (dit S. Iean) *de chasque lignée langue, peuple, & nation.* En laquelle definition les anciens peres aussi s'accordent. *Tous*

<small>De rudibus Catechez. cap. 2</small> *ceux* (dit Sainct Augustin) *qui sont saincts, & homme sanctifiez, qui sont, qui ont esté, & qui seront, sont citoyens de la Hierusalem celeste.* Et S. Gregorie Pape (afin que ma preuue soit

soit authentique) dit que *tous les esleus sont contenus au giron de l'Eglise, & tous les reprou-* *uez dehors.* Et toutefois le pauure Iean Hus fust bruslé pour heretique pour auoir dit le mesme. O mauuais Catholiques qui auez faict brusler vne homme comme hæretique pour n'auoir rien dit que ce qu'vn Sainct, & (qui plus est) vn Pape a dit deuant luy. Or donc en ceste signification ny l'Eglise Rom. ny l'Eglise qu'on appelle reformée, peut estre appellée proprement l'Eglise Catholique : ains seulement parties de la Cathol. ny mesmes pouuons nous dire quelles soyét vrayement parties de la Catholique, ains que Dieu a dans l'Eglise Romaine, & dans l'Eglise reformée des membres de la Catholique. c'est a dire, plusieurs qui sont sauuez en l'vne, & en l'autre Eglise. Comme il y en auoit parmi les Iuifs deuant l'aduenement de Iesus Christ, & auiourdhuy en l'Eglise Grecque, & au Pays du Prete Giam, qui embrassent la foy Chrestienne, sans recognoistre le Pape. De maniere que si nous donnons le tiltre de Catholique pris en ceste signification, seulement a l'Eglise Romaine, il s'ensuiura, ou que touts Catholiques sont esleus, & toutefois les Catholiques mesmes escriuent que plusieurs Pa-

Moral in Iob. lib. 28. cap. 9.

I pes

pes sont damnez : ou que nul Iuif n'ait esté sauué deuant Christ, & ainsi Dieu n'a pas eu son Eglise en tout temps : Ou que nul Græc, ou Affricain peut estre sauué en nostre temps, & ainsi Dieu n'auroit pas son Eglise en touts lieux. Et si nous ne donnons pas seulement a l'Eglise Romaine, ce nom de Catholique, il n'y a aucune raison pourquoy l'Eglise reformée plustost que les autres, en doiue estre excluse. Bref quand nous parlons des hommes, en iugeant s'ils sont de ceste Eglise Catholique ou non, il faut parler selon la foy ou selon la charité : selon la foy, nous ne pouuons dire que tel ou tel le soit, d'autant *que c'est Dieu* (dit S. Paul) *qui coynoist ceux qui sont siens*. Mais si nous parlons, selon le iugement de charité, icelle veut que nous reputions touts ceux de ceste vraye Eglise Catholique, qui sont de l'Eglise visible, de laquelle ie parleray maintenant, & comme elle peut aussi estre appellée Catholique.

2. Tim. 2. 61.

2
Comme l'eglise est dite Catholique au regard des Iuifs.

2 L'eglise, comme i'ay prouué, comprend touts les esleus, tant ceux qui sont desia au ciel, comme ceux qui sont en la terre. Ceux qui sont en terre sont meslez parmi les meschans, & bien que les meschans soyent ordinairement en plus grand nombre, ils

portent

portent neantmoins le nom de la meilleure part, tellement que tant les bons que les meschans qui font confession extérieure de la vraye foy, sont estimez membres de l'Eglise, selon la parabole du filet qui conte-noit tant le mauuais que le bon poisson. Math. 13. Ceste Eglise estoit separée comme d'vne paroy d'auec le reste des Gentils, deuant l'aduenement de Iesus Christ, & enclose dans vn pays, & attachée a la famille d'Israel. Depuis l'aduenement de Iesus Christ ceste paroy (dit S. Paul) a esté rompue & ny Iuif ny Græc n'en est exclus. Et a rai- Ephe. 2.14. son de ceste difference que les Iuifs seulement en ce temps la auoyent ce priuilege, et que maintenant nul pays ne l'a plus que l'autre, l'Eglise est dite Catholique, c'est a dire espandue par tout. Et a cause qu'elle est si vniuerselle, elle est diuisée es Eglises particulieres comme au temps de S. Paul, en l'Eglise d'Ephese, de Rome, de Galatie, de Corinthe &c. nulle de ces Eglises n'ayant plus grand priuilege que l'autre. A raison de quoy, toute l'Eglise est appellée Catholique. Non pas que l'Eglise soit tousiours par tout, mais dautāt q; nul pays n'en est exclus, & q; nul lieu n'est priuilegié. Or dautant que nul lieu n'est exclus, il se peut

trouuer

trouuer d'autres Eglises outre celle de Rome. Et d'autant que nul lieu n'est priuilegié, Rome mesme peut estre retranchée de l'Eglise.

Comme l'eglise est dite Catholique au regard des hæretiques.

3 Tiercement l'Eglise est dite Catholique, au regard des Donatistes, qui nioyent que l'Eglise, fust ainsi espandue par le monde, ains tenoyent quelle fust enfermée en Afrique : dont il aduint que les Eglises qui tenoyent l'opinion contraire, estoyent appelleéz Eglises Catholiques, mais a cause de leur opinion que l'Eglise estoit Catholique : comme auiourdhuy les Eglises qui tiennent que l'Eglise a besoing de reformatiõ sont appellées Eglises reformées. Voila pourquoy, les plus anciens Peres n'ont iamais vsé de ce nom Catholique pour distinguer les pures Eglises, d'auec les hæretiques, ains les appelloyent Orthodoxes. Mais par continuation de temps, dautant que les Eglises Orthodoxes tenoyent ceste opinion que l'Eglise estoit Catholique, ou vniuerselle, ces mots Catholique & Orthodoxe, ont esté pris en mesme signification. Tellement qu'a la fin ce tiltre de Catholique n'a pas esté seulement donné a l'Eglise pour distinguer les Orthodoxes, d'auec les Donatistes mais aussi d'auec touts autres hæretiques.

Car

Car proprement vn Catholique, n'est pas opposé a tout hæretique, ains a vn Iuif, ou a vn Donatiste. Mais pource que l'vsage est maistre des mots (comme nous voyons en ce mot, Tyrā, pris iadis en bonne part pour vn Roy, & maintenant, seulement pour vn meschant) ce mot Catholique est pris contre sa nature en la signification que i'ay dit, pour vne Eglise pure. de sorte qu'vne Eglise particuliere peut estre appellée Eglise Catholique, & plus ou moins Catholique selon qu'elle est plus ou moins pure. Tellement que la question entre les Catholiques & les Huguenots ne gist pas en ce point, ascauoir quelle de leurs Eglises, est l'Eglise Catholique, mais laquelle est plus Catholique, & quelle plus corrompue. Car & l'vne & l'autre peut estre Catholique en quelque mesure, pendant qu'elles tiennent la substance de la foy, comme i'ay monstré au premier chapitre, & toutes deux corrompues en quelque maniere: estant chose certaine que chasque Eglise visible peut auoir des erreurs plus ou moins. *l'Eglise* (dit S. Bernard) *pendant qu'elle est au tabernacle du corps, n'est pas venue a sa perfection de beauté, & par ainsi elle n'est pas tout a faict belle.* Car l'Eglise triumphante a seulement ce priuilege,

Bernard Cant. serm. 38.

Eph. 5.

priuilege, d'estre belle, & (comme S. Paul dit) *sans ride & sans macule*. Il est bien vray que quelquesfois l'Eglise est appellée belle, mais c'est tousiours par comparaison. Voila pourquoy au Cantique, l'Espoux dit de l'espouse, c'est a dire de l'Eglise, qu'elle est la plus belle des femmes, *n'n pas simplement belle* (dit S. Bernard sur ce passage) *ains la plus belle de femmes*. Et pour la mesme raison elle est appellée en vn mesme verset brune, & belle, *ie suis brune (dit l'espouse) mais ie suis belle.*

Cant. 1.

Ie sçay bien que les anciens vsent encores de ce mot Catholique, pour vne distinction d'auec hæretique, en vne autre signification, & mesme selon la propre interpretation du mot, faisants Catholique ou vniuersel vne marque de la vraye Eglise. Pourtant en l'ancienne Eglise, lors que toute l'eglise visible tenoit la foy receue des Apostres, & qu'vne partie de l'Eglise deuint corrompue : pour iuger de quel costé il se faut mettre, Vincensius Lirinensis a donné vne reigle. *Que ferons nous* (dit il) *sinon de praeferer la santé du corps au membre pestiferé?* Et ainsi, d'autant que lors le corps de l'Eglise estoit sain, toute l'Eglise saine estoit appellée Cathol. Car tãt ce mot corps q; co mot

Vincen. lib. adu. Hæres.

mot cathol. emporte vniuersalité. Tellemēt que la distinction de Catholique & d'heretique, n'estoit autre que la distinction du corps sain, d'auec le membre corrompu. Mais quand le corps mesmes deuient corrompu, ceste distinction & reigle faut. Voila pourquoy Vincentius, faict distinction entre Catholique en lieu, & Catholique en temps. Et quand Catholique en lieu n'est pas vne bonne marque, il recourt au Catholique en temps. *Mais (dit il) si vne nouuelle contagion tasche de corrompre non seulement vne partie mais toute l'Eglise: alors il se faut ioindre a l'antiquité.* Tellement que le different entre les Catholiques & les Huguenots gisant en ce poinct, asçauoir mō si le corps de l'Eglise est corrompu, il ne faut pas parler de l'Eglise Catholique selon le lieu, mais selon le temps, & ceste Eglise est Catholique qui tient la religion (comme Vincentius dit) qui a esté embrassée de tout temps, & pour sçauoir quelle religion a esté embrassée de tout temps, quand l'Eglise visible, ou le corps de l'eglise (cōme le mesme Vincentius dit) est corrompu, il faut recourir a l'antiquité. Pour dire auec Tertullian. *Ce qui est le premier est plus veritable.* Tellement que celle la est l'Eglise Catholique,

qui

Eodem lib. adu. Hæref.

Tert. lib. de præsc.

qui s'accorde en foy auec l'Eglise ancienne, de maniere que pour voir si les Catholiques & les Huguenots sont proprement Catholiques, il faut regarder lesquels des deux tiennent la foy des Apostres, & apres eux des anciens docteurs, & Conciles de l'Eglise.

<small>a Apostolique.</small>

Quant au tiltre d'Apostolique, l'Eglise peut estre dite Apostolique tant pour le regard des escrits, que des prædications des Apostres. Quant a leurs escrits, les Eglises qui embrassét la doctrine côtenue en iceux sont appelées Apostoliques, & plus ou moins Apostoliques, qu'ils s'accordent ou desaccordent plus ou moins auec la dite doctrine, tellemét que le mot Apostolique, est tout vn auec Orthodoxe, ou Catholique en la derniere signification. Et si les Eglises des Huguenots peuuent estre appellées Catholiques ou Orthodoxes, elles peuuét par la mesme raison estre appellées Apostoliques, voire plus propremét Apostoliques que Catholiques. Car les Eglises visibles (comme i'ay dit) n'estans absoluemét ains par comparaison, plus ou moins Catholiques, ou Apostoliques, les Huguenots pechét au defaut touchant ceste marque Catholique; & ainsi sôt pluftost moins Catholiques,

liques, mais en ceste cy ils pechēt en l'excés & sont trop Apostoliques, d'autant qu'ils sont si exacts qu'ils ne veulent rien croire, que ce que les Apostres ont escrit.

Secondement ces eglises sont appellées Apostoliques qui ont este instruictes par la viue voix des Apostres, & ou les Apostres ont eu leurs sieges, comme Antioche, Ierusalem, Ephese, Alexandrie, &c. ou les Apostres Pierre, Iacques, Iean, & Marc l'Euangeliste, ont esté assis, & par ainsi sont de toute antiquité appellées siegez Apostoliques aussi bien que Rome. Or ceste signification est plustost vn ornement, qu'vne marque, d'vne pure Eglise. Car Antioche, Alexandrie, Ephese & autres Eglises Grecques ou les Apostres ont presché, ou du tout ont abandonné le nom de Christ, ou pour le moins (selon l'opinion des Catholiques) sont retranchées pour schisme & heresie de la communion de la vraye Eglise, & France Espaigne, Pollogne, Allemaigne, Angleterre, Dennemarc, ou les Apostres n'ont iamais eu Eueschez ont esté depuis vrayes Eglises. De maniere qu'vne eglise peut estre pure sans estre Apostoliq: en ceste signification, & vne Eglise Apostolique, peut estre impure.

Tertul. lib. de Presc.
Aug. Epist. 162.

Le

3 Romaine.

Le dernier tiltre mais le premier en estime parmi les Catholiques est celuy de Romaine, lequel i'ay obserué estre pris en trois diuerses façons. Premierement l'Eglise Romaine est prise seulemēt pour le Diocese de Rome, & au commencement seulement pour la ville de Rome: comme au temps de S. Paul quand il luy escriuist separement comme il fist aussi aux Eglises de Corinthe, Ephese, Galatie, &c. Car si l'Eglise Rom. en ce temps là eust esté estendue par tout, il n'eust eu aucun besoing d'escrire aux Eglises a part, car en escriuāt a celle de Rome il eust escrit a toutes. & toutefois nos gens veulent prouuer par ceste Epistre mesmes que l'Eglise Romaine est l'Eglise Catholique, dautant que S. Paul dit, *vostre foy*

Rom. 1. 8. *est renommée par tout le monde.* Comme s'il ne disoit le mesme a l'Eglise de Thessalo-

1. Thess. 1. 8. nique *vostre foy enuers Dieu est espandue en tout lieu.* Mais si l'Eglise Romaine eust esté (cōme ils veulent dire) estimée par S. Paul tout vne auec la Catholique, sans doubte son Epistre a l'Eglise Romaine eust esté appellée Catholique, comme celles de S. Iean, S. Pierre, S. Iacques, & S. Iude, qui sont appellées Catholiques d'autant qu'elles ont esté escrites a l'Eglise Catholique. Or

Or prenant l'Eglise Romaine, en ceste signification, ie confesse non seulement que les Eglises des Huguenots sont separées de l'Eglise Romaine, mais aussi toutes les autres Eglises Catholiques, tellement que tousiours en France, on faict distinction des diuerses coustumes, de l'Eglise Romaine, & de l'Eglise Gallicane.

Secondement l'Eglise Romaine est prise pour l'Eglise Occidentale, tellement que l'Eglise Romaine, Latine, & Occidentale signifient vne mesme chose : pour la distinguer d'auec l'Eglise Grecque & Orientale, comme l'Empire de l'Orient & l'Empire de l'Occident ont esté appellez les Empires de Rome & de Constantinople: a cause que ces deux villes ont esté les principaux sieges de l'Empire, & ainsi a raison de la dignité de la ville de Rome, qui estoit le siege des Empereurs qui dominoyent en l'Occident, toute la partie Occidentale estoit appellée l'Empire Romain, & toute l'Eglise Occidentale, l'eglise Romaine, c'est a dire l'Eglise contenue soubs l'Empire Romain. Or donc nous appellons l'Eglise Romaine, tant pour la distinguer d'auec les Eglises Grecques & Orientales, que pour monstrer qu'elle est soubs l'Empire Romain.

Si

Si pour la distinguer d'auec les Eglises Grecques ou Orientales, les eglises des Huguenots peuuent estre membres de l'eglise Romaine, dautant quelles sont Occidentales, & non Orientales ne Grecques. Si pour le regard de l'Empire Romain, prenant l'Empire Romain comme il a esté, ils sont aussi soubs cest Empire, & par consequent, soubs ceste Eglise. Mais le prenant comme il est, les Eglises en Allemaigne, qui ont reietté l'authorité du Pape, peuuent estre plus proprement dites membres de l'Eglise Romaine, que Rome mesmes. Dautant que l'Allemaigne & non pas Rome, est appellée maintenāt le S. Empire Romain.

Finalement, l'Eglise Romaine, est entendue pour ceux qui communiquent en foy auec l'Eglise Romaine, c'est a dire qui sont de la religion Romaine. Or donc ie demande si on entend la religion Romaine, pour les poincts de Theologie, esquels les Huguenots sont d'accord auec nous ou pour ceux, esquels ils desaccordent, ou pour les vns & pour les autres ensemble.

Si pour les points esquels ils s'accordent, alors ils sont de la foy Romaine : si pour les points seulement esquels ils desaccordent:

dent: alors la Trinité & touts les Articles des trois Symboles, des Apoſtres, de Nice, & d'Athanaſe eſquels ils ſont d'accord, ne ſont pas Articles de la religion Romaine.

Mais ſi on prend la religion Romaine, pour touts les points d'icelle, tant pour ceux eſquels ils ſont d'accord, que pour les autres, ie demande encore ſi ceſt exact accord en toutes opinions eſt requis ou nõ? Si non, veu que les poincts eſquels les Huguenots s'accordent auec les Catholiques ſont plus en nombre, & de plus d'importance, que les queſtions eſquelles ils deſaccordent, ils peuuent bien eſtre de l'Egliſe & foy Romaine, dautant que les choſes portẽt le nom de la meilleure partie. Comme nous appellons les hommes ſanguins eſquels le ſang domine, iaçoit qu'ils ayent des autres humeurs. Or ſi nous diſons qu'on ne peut eſtre de ceſte Egliſe, ſans croire tout & le meſme que l'Egliſe Romaine, ie di que pendant que nous voulõs prouuer que les Huguenots ne ſont pas de noſtre Egliſe, nous monſtrons que nous n'auons aucun qui ſoit de l'Egliſe tout a faict. Car il n'y a perſonne qui croye du tout comme l'Egliſe, ni docte ni indocte.

Car ceſt la glorie de touts nos docteurs, d'auoir

d'auoir des opiniõs a part, voila pourquoy Bellarmin, le souuerain ennemi des Huguenots, accuse aussi touts les Cathol. d'erreur qui ont esté deuant luy, & principalement ceux qui ont escrit contre les Huguenots. Côme nostre Genebrard, Piggius, Ecchius, Hosius, Canus, Caëtan, l'Escot, Durãd, S. Bonauenture, S. Thomas, S. Damascen, (car il n'espargne pas les Saincts) & la mesme courtoisie fait il aux anciens peres a S. Bernard, S. Augustin, S. Chrysostome, & a grand peine s'est il abstenu de S. Paul. De maniere qu'en tant de dissentions, ou l'Eglise n'a rien creu, ou l'eglise a creu comme les vns & les autres, cest adire deux choses contraires, ou quelques vns d'eux, & peut estre touts ont creu autrement que l'Eglise.

Venons au peuple, le peuple n'entend pas la moitié de ce que nous enseignons. Et comme nous disons des choses en Theolologie en l'explication desquelles ils ne sont pas instruits: leurs esprits, qui se forment tousiours des Idées de ce qu'ils oyent, s'imaginent des Chimeres en leur cerueau, & croiët tout au côtraire de ce que l'Eglise croit, sans y penser,

Mais nos Catholiques ont trouué vn remede

mede à cela, c'eſt que la foy implicite ſuffit au peuple, C'eſt à dire de penſer ſeulement qu'ils croyent comme l'Egliſe, bien qu'ils ne le facent pas. Or donc la foy implicite eſt, de croire le contraire, & de penſer qu'on croit le meſme. Si donc nous pouuons vne fois faire accroire aux Huguenots qu'ils croyent comme noſtre Egliſe en tout, bien qu'ils ne le facent pas, ils ſeront de noſtre Egliſe. Voyez donc ſi ie n'ay pas pris vne meilleure Méthode de les conuertir que les autres Catholiques. Ils les vouloyent conuertir a noſtre foy explicite, c'eſt a dire, les faire croire toutes les particularitez de noſtre foy. & moy les voyant incapables de la foy explicite, ay taſché de les faire embraſſer la foy implicite qui eſt plus aiſée, & de leur faire croire qu'ils croyent deſia comme noſtre Egliſe: & par conſequent, que leur foy eſt la meſme, & leur Egliſe la meſme. Afin qu'ils ſoyent par ceſte perſuaſion, ſinon ſi bons Catholiques que les Preſtres, pour le moins auſſi bons que le peuple.

Or pour retourner a mon propos, il appert de ce que i'ay dit, que ſi nous requerons ceſte exacte vnion en touts points, les Catholiques meſmes ne ſeront
pas

pas de l'Eglise Romaine, ni doctes, ni indoctes. Car les doctes ne veulent pas croire les vns comme les autres, & les indoctes ne le peuuent. Et si nous nous contentons d'vne vnion essentielle, les Huguenots en peuuent estre. Dont il s'ensuit, qu'il faut confesser, que les Huguenots sont de l'Eglise Romaine, ou que les Catholiques n'en sont pas.

FIN.